dtv

Reihe Hanser

Womit habe ich ausgerechnet diese Schwester verdient? Warum wurde ich mit diesem Bruder gestraft? Wieso habe ich so oft Krach mit meinen Freunden? Weshalb hat meine Freundin jetzt eine andere beste Freundin? Warum gibt's mit meinen Eltern dauernd Stress wegen der Hausaufgaben? Und überhaupt: Warum mischen sich Eltern in alles ein? Alle Neun- bis Dreizehnjährigen kennen solche Fragen. Und viele von ihnen erleben ab und zu rabenschwarze Momente, in denen sie nicht mehr weiterwissen, sondern nur noch wütend und verzweifelt sind. Aber: Muss das so sein? Oder geht es vielleicht auch anders? Und wenn ja: wie?

Kinder fühlen sich mit ihren Problemen besonders oft alleine und unverstanden. Warum man so leicht in unglückliche Situationen gerät und wie man sich daraus wieder befreien kann: Das erfahren Neun- bis Dreizehnjährige in diesem Buch.

Anke M. Leitzgen ist Journalistin und Autorin. Sie war Chefredakteurin von *miss VOGUE* und Autorin von Zeitschriften wie dem *SZ-Magazin* und dem *ZEIT-Magazin*. Um Be- und Erziehungsgeheimnissen auf den Grund zu gehen, schreibt die Mutter von vier Kindern für *ELTERN family* sowie Bücher und Ratgeber für Eltern und Kinder.

Angela Schuh unterrichtet als Kinder- und Jugendlichenpsychotherapeutin angehende Psychotherapeuten. Doch vor allem hilft sie in ihrer Praxis vielen Kindern mit Problemen. Dabei erlebt sie immer wieder, wie schwer es Kindern fällt, über ihren Kummer zu sprechen – bis sie erfahren, dass andere ihre schlimmsten Gefühle verstehen. So ist die Idee zu diesem Buch entstanden.

Judith Drews, geboren 1973, lebt mit ihrer Familie in Berlin. Sie studierte in Hamburg Illustration und wurde für ihre Arbeiten mehrfach ausgezeichnet. 2007 erhielt sie den Förderpreis für junge Buchgestalter der Stiftung Buchkunst.

Anke M. Leitzgen • Angela Schuh

Freunde, Eltern, Lehrer und andere Probleme

Der Ratgeber für Kinder

Mit Illustrationen von Judith Drews

Deutscher Taschenbuch Verlag

Das gesamte lieferbare Programm der *Reihe Hanser*
und viele andere Informationen finden Sie unter
www.reihehanser.de

Mehr über den Ratgeber für Kinder:
www.ratgeber-fuer-kinder.de

Originalausgabe
In neuer Rechtschreibung
Oktober 2009
2. Auflage Januar 2010

Vermittelt durch die Agentur Susanne Koppe, Hamburg
Umschlagbild und Innenillustrationen: Judith Drews
Layout und Satz: Doris Katharina Künster
Gesetzt aus der Chaparral Pro und der Myriad Tilt
Druck und Bindung: C.H. Beck, Nördlingen
Gedruckt auf säurefreiem, chlorfrei gebleichtem Papier
Printed in Germany • ISBN 978-3-423-62417-6

Für Nora, Tilman, Andrew, Justus, Nicole, Steffen, Paul, Jesse, Marie Fee, Siri, Levin und dich!

Inhalt

Das sind wir, die in diesem Buch die Hauptrolle spielen

Max, 11

Marie, 11

Paul, 9

Lino, 12

Anna, 11

Tim, 11

Svenja, 11

Lena, 12

- **Mich nervt:** dass ich keine Freundin in der Schule habe!
- **Ich mag:** meine Cousine Lucy
- **Lieblingsfach:** ICH HASSE SCHULE! Noch Fragen?
- **Hobbys:** Lesen, Musik hören

- **Mich nervt:** Mein Bruder Paul, wer sonst?
- **Ich mag:** Marie. Aber warum trifft sie Anna so oft?
- **Lieblingsfach:** Deutsch (Aufsätze schreiben)
- **Hobbys:** Reiten und Malen

- **Mich nervt:** Lino, so wie er in der Schule mit mir umgeht.
- **Ich mag:** Lino, wenn wir am Nachmittag zusammen sind.
- **Lieblingsfach:** Mathe
- **Hobbys:** Handball und Schach

- **Mich nervt:** wenn sich Marie ohne mich mit Svenja trifft.
- **Ich mag:** meinen Hund Konrad. Meine Freundin Marie.
- **Lieblingsfach:** eigentlich alles
- **Hobbys:** Ballett, aber auch Handball (nicht nur wegen Tim)

- **Mich nervt:** Hausaufgaben!!!!
- **Ich mag:** Anna, aber das weiß sie nicht.
- **Lieblingsfach:** Das kommt auf den Lehrer an.
- **Hobbys:** alles, was man mit einem Ball machen kann.

- **Mich nervt:** meine Schwester Svenja. Mädchen!!!!!!!!!
- **Ich mag:** Herrn Schmidt, mein Meerschweinchen
- **Lieblingsfach:** Sport!!!!
- **Hobbys:** Fußball

- **Mich nervt:** mein Zimmer aufräumen müssen
- **Ich mag:** 1. Anna, 2. Svenja, 3. Lino
- **Lieblingsfach:** Kunst
- **Hobbys:** Einrad fahren und Gitarre spielen

- **Mich nervt:** Ungerechte Lehrer
- **Ich mag:** eigentlich fast alle in meiner Klasse, bis auf Tim!
- **Lieblingsfach:** Äh ... fällt mir gerade keines ein.
- **Hobbys:** Computer spielen, mein BMX-Rad

Warum dir dieses Buch helfen kann

Fragen über Fragen: Warum habe ich so oft Ärger mit meinen Freunden? Warum sitze ich ewig an meinen Hausaufgaben? Warum müssen Eltern sich in alles einmischen? Weshalb streiten sie sich so oft? Womit habe ich ausgerechnet diese Schwester oder diesen Bruder verdient?

Vielleicht kommt dir die ein oder andere Frage bekannt vor. Damit du weißt, ob es sich für dich lohnt, dieses Buch zu lesen, beantworte bitte die nächsten drei Fragen.

- Gibt es in deinem Leben ab und zu kohlrabenschwarze Momente, in denen du nicht mehr weiterweißt? In denen du wütend und verzweifelt bist und dir gleichzeitig so furchtbar idiotisch vorkommst, dass du am liebsten im Erdboden verschwinden würdest?
- Wünschst du dir manchmal nichts sehnlicher, als dass dich jemand mit all deinen Ängsten, Sorgen und sogar mit deinen gemeinsten Gedanken versteht?
- Suchst du nach guten Ideen, um aus schwierigen Situationen herauszukommen?

Wenn du drei Mal »Ja« gedacht hast, ist dieses Buch genau das richtige für dich. Denn wir haben es geschrieben und gezeichnet, weil wir uns noch sehr genau daran erinnern, wie einsam und unverstanden wir uns manchmal als Kinder mit unseren Problemen gefühlt haben.
Und weil jedes Kind (wie auch jeder Erwachsene) immer mal wieder schwierige Zeiten erlebt, wünschen wir uns sehr, dass alle Mädchen und Jungen offen mit anderen Menschen darüber sprechen können – natürlich vor allem mit ihren Eltern.
Darum haben wir die Geschichten von Tim, Anna, Max und Lena, Lino, Marie, Paul und Svenja aufgeschrieben. Sie alle stecken in kleineren oder größeren Schwierigkeiten.

Sicher willst du wissen, ob die Geschichten stimmen. Es ist so: Die Namen sind erfunden, aber die Geschichten sind wahr. Denn jeden Tag erleben Kinder zu Hause und in der Schule, was diese acht erleben. Sicher kommt auch dir Vieles davon bekannt vor.
Was bei der Lösung der Probleme helfen könnte, diskutieren die beiden Jugendlichen Jan und Lisa. Ihre Gedanken, Beobachtungen und Erfahrungen können auch dir dabei helfen, deine eigene Situation zu verändern, wenn du in Schwierigkeiten steckst. Und: Du lernst deine Mitschüler, Freunde und Geschwister besser zu verstehen - auch wenn sie sich aus deiner Sicht ziemlich unmöglich verhalten.
Wozu das gut sein soll? Du kannst dich dadurch leichter in andere Kinder hineinversetzen – vielleicht sogar: ihnen helfen.

Wichtig: Du musst das Buch nicht von vorne bis hinten durchlesen. Du kannst dir einzelne Kapitel raussuchen, die dich interessieren. Und verzeih uns bitte, wenn du genau dein Problem nicht entdeckst oder wir es so behandelt haben, dass es dir nicht weiterhilft.
Überhaupt: Es gibt Situationen und Probleme, die sind so vertrackt, dass ein Buch längst nicht ausreicht, um sie zu

beschreiben – oder sie gar zu lösen. Wenn du das Gefühl hast, dein Problem ist ein solches Riesenproblem, dann trau dich, deine Eltern zu bitten, einen Experten hinzuzuziehen. Einen, der weiß, wie Kinder aus ihren Problemen wieder herausfinden, und ihnen dabei helfen kann. Denke immer: Wenn du dir Hilfe suchst, wirst du nicht nur ein glücklicheres Kind. Du wirst auch ein glücklicherer Jugendlicher und Erwachsener. Und dafür lohnt es sich unbedingt, über seinen Schatten zu springen. Probier es aus!

Unsere Experten

Experten – das klingt nach Fachleuten, oder? Jugendliche hat man bei diesem Begriff eher nicht vor Augen. Dabei können auch sie Experten sein. Für die Fragen von Jüngeren zum Beispiel. Das liegt daran, dass Jugendliche bereits einiges mehr an Lebenserfahrung besitzen. Und Expertenwissen hat ja auch immer mit der Erfahrung zu tun, die man auf einem Gebiet gesammelt hat.

Weil es in diesem Buch um Situationen geht, die jedes Kind kennt, wird vermutlich kein Problem darunter sein, das zum Beispiel 10-jährigen Mädchen und Jungen noch nicht auf die ein oder andere Art begegnet ist. Wer älter ist als 13 Jahre, für den trifft das natürlich erst recht zu. So auch für Jan (15) und Lisa (16), die sich in diesem Buch Gedanken über die Erlebnisse der acht Kinder machen:

Jan

»Hi, ich heiße Jan. Ich bin 15 Jahre alt und ein Sandwichkind. Das heißt, ich habe eine ältere Schwester und einen jüngeren Bruder. Meistens nerven beide – aber ich glaube, das würden sie auch von mir behaupten. Mit unseren Eltern wohnen wir mitten in der Stadt. Das ist praktisch, weil ich fast alles mit dem Fahrrad erreichen kann. Die Realschule, meine Freunde und den Basketball-Verein. Früher fand ich mein Leben vor allem kompliziert, denn überall gab es Ärger. Mit meinen Eltern, meinen Freunden und den Lehrern. Aber das ist jetzt ganz anders. Das liegt daran, dass ich ein paar Dinge besser verstehe und deshalb anders mit komplizierten Situationen umgehen kann. Endlich!«

Lisa

»Hallo, ich bin Lisa und 16 Jahre alt. Mit meiner Mutter und meinem kleinen Bruder lebe ich auf dem Land. Das bedeutet auch, dass ich jeden Tag eine Stunde mit dem Bus fahren muss, um zum Gymnasium zu kommen und wieder zurück. Das ist manchmal ganz schön langweilig. Meistens nutze ich die Zeit, um nachzudenken. Über Freunde, Eltern, Lehrer oder kleine Brüder zum Beispiel. Oft rede ich aber auch mit meinen Freundinnen über alles Mögliche. Seit wir das tun, gibt es eigentlich kaum noch Streit. Das finde ich gut. Richtig blöd ist dagegen, dass mein Vater ganz woanders wohnt, seit er und meine Mutter sich getrennt haben. Ich denke oft daran, wie es früher war. Richtig traurig bin ich darüber aber nicht mehr.«

1

Grrrrr .... Freunde!

Mit Tim ist es komisch: Manchmal machen sich sein Fuß oder sein Ellbogen einfach selbstständig. Dann kann er gar nicht anders, als anderen im Vorbeigehen einen Tritt oder Stoß zu verpassen. Zum Beispiel dann, wenn sein Freund Lino in der Schule so tut, als würde er ihn nicht kennen – obwohl sie nachmittags immer zusammen spielen! Tim könnte heulen vor Wut. Aber das geht natürlich nicht. Ob es wohl daran liegt, dass er manchmal einfach zutreten muss?

Was Tim wissen will

Warum ist mein bester Freund so oft gemein zu mir?

DOCH AM NÄCHSTEN TAG KANN ALLES ANDERS SEIN.
HI, LINO!
BIN WOHL NICHT GUT GENUG?
DER LÄSST MICH EINFACH SO STEHEN …
AHHH!

BLÖDMANN ...
HAST WOHL KEINE AUGEN IM KOPF?
DAS GIBT EINE BENACHRICHTIGUNG AN DEINE ELTERN.
DAS WAR SCHLIESSLICH NICHT DAS ERSTE MAL ...
ETWAS SPÄTER IN DER KLASSE
KANNST DU MIR DIE MATHEHAUS-AUFGABEN GEBEN? BIN NICHT DAMIT FERTIG GEWORDEN UND BESTIMMT KOMME ICH GLEICH DRAN ...

ZWEITE PAUSE
KANN ICH MITSPIELEN?
NEE, MIT DIR SPIELEN WIR NICHT. DU MACHST JA IMMER NUR ÄRGER!
?!?
R2D
AuUUAAA
Ende

Wie Jan und Lisa darüber denken

Lisa: Ich weiß gar nicht. Soll ich jetzt Mitleid mit Tim haben oder ihn ziemlich idiotisch finden?

Jan: Mir tut Max leid. Das muss für ihn total peinlich gewesen sein. Er stolpert, sieht blöd dabei aus und die anderen machen sich lustig über ihn. Und dann noch zu erleben, dass Tim sich super fühlt, während er selbst am Boden liegt …

Lisa: Wieso kannst du dir das so genau vorstellen?

Jan: In der dritten und vierten Klasse hatten wir zwei Jungs in der Klasse, die mich ständig geärgert haben. Das Schlimmste daran: Es kam mir so vor, als hätten sie es tatsächlich nur auf mich abgesehen. Kein anderer hat was abbekommen.

Lisa: Und jetzt? Denkst du immer noch genauso darüber?

Jan: Ich fürchte, ich war tatsächlich das ideale Opfer. Wenn mich jemand ärgerte, wusste ich nicht, was ich machen sollte. Deshalb habe ich immer versucht, so zu tun, als wäre nichts. Bei den anderen ist das aber vermutlich ganz anders angekommen.

Lisa: Möglich! Man hofft, dass die anderen denken, so etwas würde einem total egal sein – aber das funktioniert natürlich nicht. Die anderen merken natürlich doch, dass man verletzt ist.

Jan: Vielleicht kannst du dir jetzt vorstellen, dass ich auf Jungs wie Tim nicht so gut zu sprechen bin?

Lisa: Na ja … irgendwie geht es ihm ja gar nicht so anders als Max.

Jan: Weil er sich von Lino abgelehnt fühlt?

Lisa: Genau: abgelehnt und verraten. Nur weil Lino zu den Supercoolen gehören will. Sei mal ehrlich: Typisch Jungs, oder?

Jan: Jetzt tu mal nicht so, als ob das bei euch Mädchen anders wäre. Ihr schlagt dann zwar nicht zu, aber gemein seid ihr auch!

Lisa: Du hast ja recht. Aber jetzt geht es um Tim: Wenn ich das richtig verstehe, ist er wütend und enttäuscht, weil Lino ihn im Stich lässt.Und weil er in der Pause nicht mit Fußball spielen darf. Wie er das ändern kann, weiß er nicht, deswegen lässt er seine Wut an anderen aus.

Jan: Auf diese Weise kann er sich wenigstens einen Moment lang so richtig toll und überlegen fühlen.

Lisa: Aber eigentlich bringt ihn das überhaupt nicht weiter. Zum Schluss steht er noch schlechter da: Die Lehrerin schimpft mit ihm und Anna will nicht, dass Tim in der nächsten Pause mitspielt, weil er so gemein zu Max war. Was ich mich frage: Warum sagt Tim Lino nicht mal so richtig die Meinung?

Jan: Vermutlich aus Angst, Lino ganz als Freund zu verlieren. Vormittags hält er still, um die schöne Zeit am Nachmittag nicht zu gefährden. Aber du hast natürlich recht: Tim sieht vielleicht gar nicht, dass er Lino auch wichtig ist. Und dass der mal über sein Verhalten nachdenken sollte.

Jan: Glaubst du wirklich, dass Lino dann in der Schule mehr zu Tim halten würde?

Lisa: Jedenfalls muss er darüber nachdenken, wie wichtig ihm die Freundschaft zu Tim ist. Und Tim fühlt sich wahrscheinlich auch wohler, weil er gezeigt hat, dass er nicht alles mit sich machen lässt.

Was Tim (und dir) in dieser Situation helfen kann

- **1. Anerkennung braucht jeder!** Vor allem von denen, die man schätzt und mag. Den Wunsch nach Anerkennung kennst du sicher von dir selbst. Es ist wichtig, dass du dir klarmachst: Allen anderen geht es genauso. Aus Angst, in einer wichtigen Gruppe von den Meinungsmachern nicht anerkannt zu werden, verhalten sich viele Kinder verletzend zu ihren Freunden.
Wenn du unter jemandem leidest, der sich dir gegenüber rücksichtslos verhält, kann es dir helfen, wenn du dir vorstellst, wie unsicher er sich eigentlich selbst fühlt. Dann kommst du dir nicht mehr so unterlegen vor und kannst dir leichter eingestehen, wie schlecht es dir damit geht.

- **2. Du bist wertvoll!** Wenn du in die Situation geraten bist, jemandem nachzulaufen oder dich in einer Gruppe hoffnungslos unterlegen zu fühlen, solltest du in Ruhe darüber nachdenken, ob diese Rolle eigentlich zu dir passt.
Wenn du jemanden findest, der dein Vertrauen verdient, wirst du immer erleben, dass er dich ganz anders sieht. Nämlich als einen liebenswerten Menschen. Als einen, der es wert ist, von anderen anerkannt zu werden. Dann wirst du dich auch erinnern, dass es immer wieder Kinder gegeben hat, die gerne mit dir gespielt und deine Nähe gesucht haben. Auf diese Weise wird dir auch bewusst, dass du es überhaupt nicht nötig hast, anderen nachzulaufen.

- **3. Zeig Flagge!** Das geht natürlich nur, wenn du schon ein bisschen Selbstbewusstsein aufgebaut hast. (Zum Beispiel, indem du darüber nachgedacht hast, was alles gut an dir ist.) Dann aber heißt es: handeln! Es ist absolut nicht in Ordnung, wenn dich ein Freund schlecht behandelt und dann so tut, als sei nichts gewesen. Probier doch mal Folgendes aus: Sag ihm, wie gemein du sein Verhalten findest und dass du keine Lust hast, mit ihm Zeit zu verbringen. Wenn der andere dich wirklich als Freund schätzt, wird er garantiert ins Grübeln kommen. Und zwar umso mehr, je stärker er dich erlebt, während du ihm die Meinung sagst. Was dir dabei hilft? Versuch es mit folgendem Gedanken: »Ich lasse mir nicht auf der Nase herumtanzen! Auch von dir nicht!«

• 4. **Freundschaft ist wichtiger als Bewunderung!** Manchmal läuft man jemandem nach, weil man hofft, von seinem Glanz etwas abzubekommen. Falls du glaubst, dass du nur deshalb zu einer bestimmten Clique gehörst, weil du dir das Wohlwollen der »Nummer eins« erobert hast, dann gilt: Denk noch einmal gründlich darüber nach, ob du dich dabei tatsächlich wohlfühlst!
Sobald du dein Ziel erreicht hast, erntest du zwar mehr Bewunderung, aber dein Leben wird auch sehr anstrengend. Denn du bist immer in Gefahr, wieder zurückgestoßen zu werden. Vergleich doch mal dieses Gefühl mit dem, was du bei einer richtig guten (also gleichwertigen) Freundschaft erlebt hast. Am besten fühlst du dich doch bei den Freundinnen und Freunden, bei denen du dich gar nicht anstrengen musst. Von denen du einfach gemocht wirst. So, wie du bist.

• 5. **Unterstützung bringt dich weiter!** Zum Beispiel dann, wenn du dich so unterlegen und klein fühlst, dass du dich nicht allein aus der Situation befreien kannst. Natürlich ist Hilfesuchen nicht ganz einfach. (Vor allem für Jungs nicht!) Andere könnten ja denken, man sei ein Weichei, Warmduscher, Waschlappen oder so. Und du hast vielleicht auch den Spruch im Kopf: »Ein Indianer kennt keinen Schmerz.« Von wegen! Wenn du dich danach richtest, kann es für dich richtig eng werden, weil du immer tiefer in die Sache hineinrutschst.

Falls du dich also unterlegen fühlst oder sogar regelrecht bedroht, brauchst du unbedingt Hilfe von Erwachsenen: von deinen Eltern oder von deiner Lehrerin.

Manchmal wirkt es Wunder, wenn die Lehrerin mit dem Schüler spricht, der dir zusetzt. Und du erlebst diesen Schulkameraden plötzlich viel freundlicher – obwohl du vielleicht das Gegenteil befürchtet hast! (Lies dazu auch den Kasten »Mobbing« auf Seite 69.)

Wut – Wie bekommst du sie unter Kontrolle?

Viele wissen es, kaum jemand gibt es zu: Es kann richtig Spaß machen, andere zu ärgern. Man kann sich dabei wunderbar stark und überlegen fühlen. Das tut vor allem dann gut, wenn man vorher selbst von anderen klein gemacht worden ist. Aber das gute Gefühl hält meistens nicht lange an. Du erinnerst dich sicher daran, dass sich dein Gewissen ziemlich schmerzhaft gemeldet hat, wenn du jemanden geärgert hast. Und dass du dich dann doch wieder klein und mies gefühlt hast. Deswegen: Lass deine Wut nicht an anderen aus. Wehr dich möglichst direkt gegen den, der sie verursacht hat. Folgendes Rezept wirkt meistens verblüffend gut: Sag demjenigen, der dich gerade beleidigt oder geschubst hat, laut ins Gesicht: »Lass mich in Ruhe!« Was das bringt? Ganz einfach: Alle schauen auf den Übeltäter. Sie erkennen, dass er dich angegriffen hat, und stellen sich auf deine Seite.

2

Tsssss .... Freundinnen!

Zu spät! Anna hofft, sie könnte am Nachmittag mit Marie spielen. Die ist aber mit Svenja verabredet und Anna bekommt eine Absage. Denn Mitspielen funktioniert schon gar nicht, weil dann immer das Gleiche passiert: Svenja ist richtig gemein zu ihr und Marie sagt nicht mal etwas dagegen. Anna wüsste gern, warum Marie nie zu ihr hält, wenn Svenja dabei ist. Und vor allem: Warum ist drei immer eine zuviel?

Was Anna wissen will

Warum ist Spielen zu dritt so schwer?

GUCK MAL, MARIE, WAS ICH KANN!
MENSCH, SVENJA, DU BIST SO MUTIG!
DING
DONG
DING
ETWAS SPÄTER AUF DEM WEG IN DIE KLASSE.
ABER *ICH* BIN DOCH MARIES BESTE FREUNDIN!

HAST DU HEUTE NACHMITTAG ZEIT?
HM, ICH BIN JA SCHON MIT SVENJA VERABREDET.
DA MUSS ICH ERST MEINE MUTTER FRAGEN.
R2D
DAS MUSS SIE DOCH SONST NICHT!
ZU HAUSE BEI ANNA.
UND, KANNST DU HEUTE NACHMITTAG?
ÄHEM …
… ICH DARF HEUTE NICHT.
HEY, LASS UNS GLEICH EIN EIS ESSEN GEHEN. DAS WIRD BESTIMMT NOCH EIN SCHÖNER NACHMITTAG

AUF DEM WEG ZUR EISDIELE ...
GUCK MAL ...
Eiscafé
WIE GEMEIN!
Ende

Wie Jan und Lisa darüber denken

Jan: Typisch Mädchen!

Lisa: Ja, wir können ziemlich fies zueinander sein. Leider!

Jan: Erklär mir doch mal, was mit Marie los ist: Will sie plötzlich nicht mehr mit Anna befreundet sein?

Lisa: Möglich. Vermutlich steckt etwas anderes dahinter: Marie mag auch Svenja, Svenja möchte Marie alleine für sich. Also muss sich Marie ständig zwischen beiden entscheiden.

Jan: Aber wenn Marie mit Anna befreundet ist, könnte sie ihr doch sagen, dass sie auch mit Svenja spielen möchte. Es ist doch gemein, wie sie mit Anna umgeht.

Lisa: Stimmt. Und trotzdem steckt fast jedes Mädchen hin und wieder in dieser Klemme. Ich hatte auch mal zwei Freundinnen. Eine, die ich schon seit dem Kindergarten kannte, und eine neue. Die neue Freundin habe ich ein bisschen angehimmelt. Sie war ziemlich selbstbewusst und sehr, sehr witzig. Leider hat sie nur dann mit mir gespielt, wenn die alte Freundin nicht mitgespielt hat. Und ich hab mich danach gerichtet, weil ich Angst hatte, sie zu verlieren.

Jan: Warum hast du das denn nicht bei der alten Freundin befürchtet?

Lisa: Gute Frage. Vermutlich, weil die ein bisschen hinter mir hergelaufen ist. Sie glaubte, dass ich nicht mehr ihre Freundin sein will. Wenn ich ehrlich bin, ging sie mir damit ziemlich auf die Nerven.

Jan: Dann hattet ihr ja alle drei ziemlich viel Angst.

Lisa: Wieso alle drei?

Jan: Na ja, Svenja wird auch ihre Gründe haben, warum sie Anna ausschließen will.

Lisa: Haben Jungs keine Angst, einen Freund zu verlieren?

Jan: Doch, klar. Aber ein anderer Gedanke macht uns mehr Angst: dass uns jemand für klein, schwach und unfähig halten könnte. Oder dass wir aus einer Gruppe ausgeschlossen werden. Zum Beispiel aus der Gruppe, die in der Pause Fußball spielt.

Lisa: Bei euch geht es also eher darum, etwas zusammen

zu machen. Bei uns geht es vor allem ums Quatschen. Wir vertrauen uns gegenseitig an, was uns wichtig ist. Vielleicht werden wir deswegen auch schneller eifersüchtig, weil wir uns so nah sind?

Jan: Ach, echt? Aber gibt es dann überhaupt eine Möglichkeit, wie Anna die Situation verändern könnte?

Lisa: Das glaube ich schon. Bei meinen Freundinnen gibt es solche Gemeinheiten inzwischen fast gar nicht mehr. Die meisten haben jetzt sogar mehrere beste Freundinnen gleichzeitig.

Jan: Dann hilft also bloß, älter zu werden?

Lisa: Nicht nur! Anna könnte Marie gegenüber so auftreten, wie es damals meine Freundin mit mir gemacht hat. Das war etwa so:

Jan: Und das reicht schon, um sich plötzlich auch zu dritt zu verstehen?

Lisa: Auf jeden Fall lohnt sich der Versuch. Denn so haben sie zumindest eine Chance. Marie wird garantiert überlegen, was Anna ihr bedeutet. Und sich fragen, ob sie sich von Svenja weiterhin daran hindern lassen will, mit Anna zu spielen. Wahrscheinlich hängt die Zukunft ihrer Freundschaft von dieser Entscheidung ab.

Jan: Klingt logisch.

Was Anna (und dir) in dieser Situation helfen kann

• 1. **Nachdenken** Was ist eigentlich dran an der Angst, dass deine Freundin dich nicht mehr mag, wenn sie eine neue Freundin gefunden hat? Gar nicht so viel, oder? Denn eigentlich weißt du ja längst, dass man zwei oder auch mehr Menschen sehr gern mögen kann. Aber es ist ganz wichtig, dass du dir das richtig klarmachst.
Also: Genau wie du deine beiden Eltern (vermutlich) gleich gern hast, kann deine Freundin zwei Freundinnen gleich gern haben. Nimm dir diese Erkenntnis wirklich zu Herzen, sonst ist es möglich, dass du deine Freundin vor lauter Sorge bedrängst und ihr Vorwürfe machst. Auf diese Weise könntest du sie dann tatsächlich verlieren. Denn: Niemand lässt sich gern unter Druck setzen!

• 2. **Abstand gewinnen** Falls du glaubst, dass du deine Freundin einengst, helfen erst einmal zwei Dinge: tief durchatmen und ein bisschen Abstand suchen. Und danach als drittes: raus aus dem Gedankenkarussell deiner Angst, das dir eintrichtert: »Wenn ich jetzt nicht alles dransetze, meine Freundin festzuhalten, verliere ich sie!« Das stimmt so nicht!
Mach dir stattdessen klar, dass sie dich mit großer Wahrscheinlichkeit immer noch mag. Auf jeden Fall verbietest du dir, ihr nachzulaufen. (Sonst hat sie auch keine Chance, mal auf dich zuzukommen.) Um dich wieder aufzubauen, brauchst du vielleicht jemanden, der dich daran erinnert, dass du dich nicht verbiegen musst. Auch nicht für deine beste Freundin. Daher: Augen auf! Kennst du ein Mädchen, das mit dir befreundet sein möchte? Dann verabrede dich mit ihr! Das wird dir guttun. Und wenn du mit der Zeit sicher bist, dass dein Leben notfalls auch ohne deine beste

Freundin weitergehen kann, sprich mit ihr. Zum Beispiel so:

- 3. **Sagen, was dich ärgert** Deine Freundin muss wissen, dass es dich verletzt, wenn sie gemein zu dir ist, sobald das andere Mädchen dabei ist. Oder dass du Heimlichtuerei nicht leiden kannst, wenn sie sich mit einem anderen Mädchen verabredet. An ihren Reaktionen kannst du ablesen, wie sie zu eurer Freundschaft steht. Und natürlich auch, was sie sich von dir wünscht.

Gut möglich, dass sich alle deine Befürchtungen in Luft auflösen. Und du dich sogar vertrauter und sicherer mit deiner Freundin fühlst. Solltest du jedoch erfahren, dass deine Freundin wirklich nicht mehr viel mit dir zu tun haben möchte, ist das natürlich traurig. Aber dann weißt du wenigstens, woran du bist.

- 4. **Geht doch: zu dritt spielen** Falls du dich gerade ausgeschlossen fühlst, kommt dir dieser Gedanke wahrscheinlich absurd vor. Aber es ist tatsächlich so: Wer es gewohnt ist, zu dritt miteinander klarzukommen, gewinnt viel. Denn 1 + 1 + 1 ist im Glücksfall nicht 3, sondern viel mehr. Mehr Spaß, mehr Ideen, mehr Geborgenheit.

Es gibt aber noch einen anderen guten Grund, sich durch alle Schwierigkeiten zu kämpfen, die mit der Dreiergruppe zusammenhängen: Hast du es erst einmal geschafft, dich zu dritt sicher und wohlzufühlen, wirst du dein ganzes Leben lang weniger Angst vor neuen Gruppen haben. Denn du weißt: Wenn andere etwas miteinander machen, können sie trotzdem auch für dich offen sein.

Streit – Warum passiert er so leicht beim Spielen zu dritt?

Du hast es vielleicht schon ein paar Mal erlebt und nie richtig verstanden: Warum streitet man so oft, wenn man zu dritt spielt? Und viel seltener beim Spielen zu zweit? (Wer zwei Geschwister hat, kann übrigens auch ein Lied davon singen!)
Hier kommt die Lösung: Beim Spielen zu dritt muss man sehr sicher sein, dass einen die beiden anderen mögen. Und zwar auch dann, wenn sie mal was nur zu zweit machen.
Leider ist es für Kinder und Jugendliche gar nicht leicht, dabei ein sicheres Gefühl zu haben. Denn dazu muss man ganz schön selbstbewusst sein. Falls man nämlich glaubt, dass man nicht so liebenswert oder interessant ist wie andere, gibt es nur zwei Möglichkeiten: Entweder man versucht, den »Rivalen« aus der Dreiergruppe rauszukriegen – was direkt zum Streit führt. Oder man fühlt sich immer als geduldetes Anhängsel. Mit diesem Gedanken im Hinterkopf kommt man sich ständig ein wenig ausgeschlossen vor und ist auch ein bisschen eifersüchtig. Außerdem: Wer sich ausgeschlossen fühlt, zieht sich in der Regel beleidigt zurück, macht schlechte Stimmung und ist nicht zu Kompromissen aufgelegt. Und sorgt auch damit natürlich für Streit.
Fazit: Selbstbewusstsein ist der Schlüssel! Wenn drei Mädchen zusammen spielen, die sich alle gut und sicher fühlen, ist Zu-dritt-Spielen kein Problem.

3

Uhhhhhhhhh .... Lehrer!

Max will eigentlich ein guter Schüler sein. Wenn bloß die Lehrerin nicht gegen ihn wäre! Denn wie wenig sie ihn mag, sieht er daran, dass sie ihn wegen jeder Kleinigkeit zur Rede stellt. Deshalb beschießt er die Lehrerin heimlich mit Papierkügelchen. (Was die ganz und gar nicht witzig findet. Im Gegenteil!) Max fühlt genau: Er wird nie gut bei der Lehrerin ankommen. Was macht er bloß falsch?

Was Max wissen will

Warum mag mich meine Lehrerin nicht?

ICH HAB' MIR TOTAL WEHGETAN, ABER DAS INTERESSIERT SIE NATÜRLICH NICHT!
DIE MAG MICH SOWIESO NICHT, DIE BLÖDE KUH!
UND, WER KANN MIR DIE FRAGE BEANTWORTEN?
LENA!?
???
LENA?
LENA!?

KLAR, DASS SIE MICH NICHT DRAN NIMMT.
ÄH, JA, ... ICH MEINE ...
MAX DREHT ...
... KLEINE ...
... PAPIERKÜGELCHEN.
UND SCHIESST ...
!?

!!
HIHIHI
HIHI
HAHAHA
HAH
HIHI
HAHA
HAHA
MAX, ICH SEHE DICH IN DER PAUSE IM LEHRERZIMMER!
Ende

Wie Jan und Lisa darüber denken

Jan: Da steckt Max ja wohl in einer Sackgasse.

Lisa: Kein Wunder, wenn er sich so schlecht benimmt.

Jan: Du klingst ja schon wie seine Lehrerin ...

Lisa: Ja, solche Jungs haben mich in der Grundschule wirklich genervt. Unsere Lehrerin war supernett und total geduldig. Aber wir hatten zwei Nervensägen, die sie regelmäßig auf die Palme brachten – und mich auch. Ich fand es unfair, dass sich auf unsere Kosten ständig alles um die beiden drehte.

Jan: Ich glaube, ihr Mädchen versteht gar nicht, was in uns Jungs vorgeht. Und warum wir auch mal frech sein und aufdrehen müssen.

Lisa: Nee, das ist doch total respektlos!

Jan: Weißt du, ich bin zwar selbst nicht besonders aufgefallen in der Schule – aber nur, weil ich mich das nie getraut hätte. Dafür fand ich die anderen, die mutiger waren, ziemlich cool. Wie meinen Freund Daniel, der eine Zeit lang die

Klasse richtig aufgemischt hat …

Lisa: Mal ehrlich, hast du verstanden, warum?

Jan: Na klar, was Daniel angeht! Und im Fall von Max wird das vermutlich ganz ähnlich sein. Etwa so:

Lisa: Dann ist es Max so wichtig, aufzufallen, weil er kein guter Schüler ist?

Jan: Wahrscheinlich. Vielleicht glaubt Max inzwischen auch gar nicht mehr daran, dass er bei der Lehrerin gut ankommen kann.

Lisa: Ah, jetzt weiß ich, was du vorhin mit Sackgasse gemeint hast. Aber eigentlich ist es ein Teufelskreis: Da denkt man, die Lehrerin mag einen nicht, und kann sich auch gar nicht mehr vorstellen, dass sich das ändern könnte. Deshalb will man wenigstens bei den Mitschülern gut ankommen. Am besten auf Kosten der Lehrerin. Auf die hat man ja eine Riesenwut. Also macht man Quatsch und bekommt dabei immer mehr Stress mit der Lehrerin. Die Chance, dass man mal ein Lob von ihr erhält, wird immer kleiner.

Jan: Ja,das ist echt so! Man wird immer wütender auf die Lehrerin und denkt dauernd an Rache. Deshalb kann man gar nicht mehr aufhören zu stören und frech zu sein.

Lisa: Wieso hast du dich denn trotzdem gut mit deinem Freund Daniel verstanden?

Jan: Nachmittags beim Spielen war der ganz normal. Und mir war irgendwie klar, dass er sich in der Schule nicht wohl in seiner Haut fühlt.

Lisa: Und wie benimmt er sich jetzt in der Schule?

Jan: Kein bisschen anders als ich. Total unauffällig.

Lisa: Wie hat er das denn geschafft? Und glaubst du, dass Max das auch hinkriegen könnte?

Jan: Warum nicht?

Lisa: Meinst du, Max könnte die Lehrerin so schnell umstimmen, bloß weil er mal eine richtige Antwort gibt?

Jan: Na ja, ein bisschen Geduld braucht er vermutlich. Möglich, dass sie dem Frieden noch nicht ganz traut. Und Max wird sicher auch nicht über Nacht zum Superschüler. Man kann nur hoffen, dass die Lehrerin ihm mehrere Chancen gibt.

Was Max (und dir) in dieser Situation helfen kann

• 1. **Stören als Rettungsanker erkennen** Niemand stört ohne Grund, sprich: ohne Not. Denn jeder möchte in der Schule lieber mit etwas auffallen, was bei der Lehrerin gut ankommt. Sieht man diese Chance allerdings nicht, weil man das Gefühl hat, man kann zu wenig, oder glaubt, die Lehrerin mag einen sowieso nicht, wird man leicht zum Störer. Denn durch Quatschmachen hat man wenigstens die Lacher der Mitschüler auf seiner Seite. Außerdem ist Stören prima geeignet, um sich ein bisschen an der Lehrerin zu rächen – was sich immer noch besser anfühlt, als sich deprimiert zurückzuziehen.

• 2. **Die Lehrerin genau anschauen** Falls du schon länger das Gefühl hast, die Lehrerin mag dich nicht, kann es dir helfen, die folgenden Fragen zu beantworten: Worauf reagiert deine Lehrerin besonders empfindlich? Ist sie ein Mensch, der sich durch Lärm leicht aus der Ruhe bringen lässt? Ist sie ungeduldig? Oder leicht gekränkt, wenn jemand frech ist? Vielleicht auch ein bisschen nachtragend? All das können Schwächen deiner Lehrerin sein, denn auch sie ist ein ganz normaler Mensch und nicht perfekt. Deshalb: Schau mal genauer hin: Wodurch fühlt sie sich besonders provoziert?

• 3. **Die Situation in die Hand nehmen** Wer schon lange unter der Ablehnung seiner Lehrerin leidet, fühlt sich oft machtlos. Und glaubt: Die Lehrerin ist so. Basta! Wenn du aus diesem Grund beschließt, dich nicht weiter um die Anerkennung deiner Lehrerin zu bemühen, ist das sehr verständlich. Denn: Wer will schon ständig scheitern? Trotz allem ist es einen Versuch wert, mal auszuprobieren, ob du deine

Lehrerin so beeinflussen kannst, dass sie netter zu dir ist. Um dich nicht so klein und angepasst zu fühlen, kannst du dir sagen: »Ich bekomme es hin, dass meine Lehrerin mich mag.« So gehst du vor:

- **4. Eine Strategie entwickeln** Vielleicht klingt es unglaublich für dich, aber eigentlich möchte jede Lehrerin eine erfolgreiche Lehrerin sein. Das heißt, sie wünscht sich, dass ihre Schüler viel bei ihr lernen, dass sie ihren Unterricht mögen und sie als Person schätzen. Du hast schon recht, das ist oft nicht auf den ersten Blick zu erkennen. Ob es zutrifft, kannst du – Überraschung! – zum Beispiel mit einem gut geführten Heft herausfinden. Es zeigt nämlich, wie sehr du den Unterricht schätzt – das lässt keine Lehrerin kalt.

- **5. Mit kleinen Schritten zufrieden sein** Wenn du im Unterricht besser mitmachen willst, genügt erst einmal eine Schulstunde pro Morgen für dein Experiment. Eine, in der du dich oft meldest und in Ruhe abwartest, wenn du nicht gleich drankommst. Und ganz wichtig: eine, in der du gar nicht störst. Aber Achtung: Das wird anfangs ziemlich anstrengend für dich sein! Du musst dich nämlich dauernd bremsen und anstrengen, obwohl du nicht weißt, ob es sich wirklich lohnt. Sobald du aber erlebst, dass die Lehrerin freundlicher zu dir wird, lässt die Anstrengung immer mehr nach.
Das Geheimnis dahinter steckt in deinem Gehirn: Es registriert die Freude über die Reaktion deiner Lehrerin und sorgt dafür, dass ganz viele Wohlfühl-Hormone ausgeschüttet werden. Und weil sich dein Körper immer wieder so toll fühlen möchte, sorgt er dafür, dass es dir immer leichter fällt, dich so zu verhalten, dass die Lehrerin zufrieden mit dir ist.

- **6. Ein Gespräch suchen** Deine Lehrerin sieht deine Bemühungen nicht? Rede mit ihr! Du kannst ihr sagen, dass du dich freuen würdest, wenn sie dich öfter aufruft. Denn du

möchtest gern zeigen, was du kannst. Damit gibst du ihr die Möglichkeit zu überlegen, was sie für dich tun kann.
Und selbst im schlimmsten Fall, wenn sie nämlich finden sollte, dass du oft genug deine Chance im Unterricht bekommst, passiert doch etwas Gutes: Durch das Gespräch mit dir erfährt sie von deinem Bemühen. Allein diese Information wird in Zukunft bewirken, dass sie mehr auf dich achtet.

• 7. **Um Unterstützung bitten** Du hast es eine Weile versucht und trotzdem das Gefühl, keine Chance zu bekommen? Die Vorurteile deiner Lehrerin gegen dich lassen sich nicht abbauen? Dann ist es an der Zeit, deine Eltern zu bitten, mit ihr zu sprechen.
Vermutlich müssen dir deine Eltern den neuen Weg ein bisschen ebnen, damit du ihn leichter gehen kannst. Aber gemeinsam werdet ihr das schaffen!

Ungerechtigkeit – Was kannst du dagegen tun?

Du kennst diese Situation sicher: Die Lehrerin ist sauer auf dich, obwohl du eigentlich nichts Schlimmes getan hast. Vielleicht sollst du sogar nachsitzen, obwohl du nur eine Frage von deinem Nachbarn beantwortet hast. Möglicherweise ärgert dich diese Ungerechtigkeit dermaßen, dass du dir sofort Luft machst. Und dann kommt es noch schlimmer: Dein lauter Kommentar bringt die Lehrerin dazu, dich erst recht zu bestrafen. Am Ende kochst du vor Wut und weißt gar nicht mehr weiter.
Dann hilft dir Folgendes: Merke dir genau, was du ungerecht fandest, und bitte die Lehrerin am Ende der Stunde um ein kurzes Gespräch. Auf diese Weise fühlt sich die Lehrerin nicht unter Druck gesetzt und ärgert sich nicht noch einmal über dich. Wenn du dann noch die Geduld hast, trotz deines Ärgers deiner Lehrerin zuzuhören, hast du die allerbesten Chancen, dass auch deine Lehrerin Verständnis für dich findet. Also: Nicht Rückzug oder Angriff ist die Lösung, sondern geduldiges Ringen um ihr Verständnis. Wenn du das schaffst, kannst du ein Kunststück, das auch viele Erwachsene nicht beherrschen.

4

Pfffffhhhhh .... Mitschüler!

Jeden Morgen das Gleiche: Lena betritt ihre Klasse, die Schulkameraden stehen in Cliquen herum, niemand nimmt Notiz von ihr. Na ja, manche gucken kurz zu ihr rüber. Marie, Svenja und Anna zum Beispiel. Aber ihr Gesichtsausdruck wirkt auf Lena uninteressiert, ablehnend, ja geradezu feindselig. Deshalb steht für Lena fest: Keiner mag sie. Nur: Was stimmt eigentlich nicht mit ihr?

Was Lena wissen will

Warum mögen mich die anderen nicht?

ETWAS SPÄTER
TSCHÜSS, SÜSSE! VIEL SPASS IN DER SCHULE!
HAHA, WENN SIE WÜSSTE …
NOCH SPÄTER IM KLASSENRAUM
UND WIEDER SPRICHT KEINER MIT MIR!
R2D
PEINLICH! WANN FÄNGT ENDLICH DIE STUNDE AN?
HOFFENTLICH KOMME ICH NICHT DRAN.

MAX KIPPELT UND KIPPELT.
B-O-I-N-G
HILFE! WENN MIR SOWAS PASSIEREN WÜRDE …
WARUM MAG MICH NUR KEINER?
LENA?
LENA!?
$a^2 + b^2 = c^2$
ÄH, JA, … ICH MEINE …
LENA
LENA
LENA
LENA

AUF DEM PAUSENHOF
WENN ICH NUR ...
... IM ERDBODEN VERSCHWINDEN KÖNNTE!
WC
WARUM MAG MICH NIEMAND?
Ende

Wie Jan und Lisa darüber denken

Lisa: Lena tut mir leid! Und was ich überhaupt nicht verstehe: Warum hält eigentlich keiner von den anderen zu ihr?

Jan: Na ja, sooo unschuldig ist Lena ja nun auch nicht an ihrer Situation …

Lisa: Wie meinst du das denn?

Jan: Ist doch klar: Sie könnte einfach ein bisschen auf die anderen zugehen.

Lisa *(ironisch)*: Super Idee! Ich kann mir richtig gut vorstellen, wie Lena das macht. Vielleicht nach dem Motto: ›Willst du mal mein Butterbrot probieren?‹ Oder genauso peinlich: ›Wer von euch will bei mir Mathe abschreiben?‹ Wenn man sich so an die anderen ranschleimt, ist man doch gleich unten durch!

Jan: Stimmt. Aber irgendwas muss Lena ja wohl machen.

Lisa: Hmm … Ich glaube, ich würde dann mit meinen Eltern reden, so vielleicht:

Jan: Und was soll bei so einem Gespräch rauskommen?

Lisa: Ist doch klar: dass Lena sich besser fühlt, weil ihre Eltern sie verstehen …

Jan: … wenn sie Glück hat.

Lisa: Okay, manchmal ist es wirklich schwierig, von Eltern Rückendeckung zu bekommen. Ich hab auch schon erlebt, dass meine Eltern mit so komischen kritischen Fragen kamen, als ich mich über eine Freundin geärgert habe. Ganz so, als ob alles meine Schuld wäre. Deshalb bin ich dann erst mal zu meiner älteren Cousine gegangen. Und die hat mich gleich verstanden, weil sie so etwas auch mal erlebt hat.

Jan: Ich frag mich die ganze Zeit, ob das denn wirklich wahr ist, dass Lena von allen Schulkameraden so schlecht behandelt wird?

Lisa: Meinst du etwa, sie lügt?

Jan: Reg dich doch nicht so auf! Das sag ich ja gar nicht. Aber es wäre doch möglich, dass Lena bloß denkt, alle lehnen sie ab. Und dann haben die anderen auch keine Chance mehr.

Lisa: Glaubst du wirklich?

Jan: Ich hatte schon immer das Gefühl, dass diejenigen, die ausgeschlossen werden, sich auch richtig abweisend verhalten.

Lisa: Ich gebe es nicht gern zu, aber ich glaube, ich war auch mal so. Und zwar weil ich dachte, die anderen haben etwas gegen mich. Und weil ich extrem empfindlich war, wollten die anderen wahrscheinlich immer weniger mit mir zu tun haben. Schlimm!

Jan: Das hätte ich nicht von dir gedacht …

Lisa: Zum Glück ist es auch nicht so geblieben.

Jan: Und wie bist du da wieder rausgekommen? Du hast doch inzwischen eine ganze Menge Freundinnen.

Lisa: Eine Zeit lang habe ich mich in der Klasse ziemlich zurückgezogen und nachmittags nur mit Kindern aus der Nachbarschaft gespielt. Später kam dann ein neues Mädchen in die Klasse. Die war Manga-Fan wie ich. In der Pause haben wir dann oft Bücher und Bilder getauscht. Ja, und irgendwann war alles wieder normal. Könnte sein, dass ich die, die mich geärgert haben, einfach nicht mehr so beachtet habe.

Jan: Ja, klingt nicht schlecht. Ob das auch Lena weiterhelfen würde?

Was Lena (und dir) in dieser Situation helfen kann

- 1. **Jeder kennt blöde Gefühle** Auch wenn man es den anderen oft gar nicht anmerkt: Wirklich jeder kennt das Gefühl, sich in einer Gruppe unsicher zu fühlen. Es gibt niemanden, der nicht schon mal dieses unbequeme Gefühl im Bauch hatte, das wissen will: Mögen mich die anderen? Finden sie mich nett oder lästern sie hinter meinem Rücken über mich?

- 2. **Nicht über Schuld nachgrübeln** Wer erst einmal verunsichert ist, dem kann es leicht passieren, zum Außenseiter zu werden. Denn: Erlebt man die anderen abweisend, zieht man sich meistens in sich zurück, um sich zu schützen – was nicht gerade für eine freundliche Ausstrahlung sorgt. Aber weil es auch keine Frage der Schuld ist, lohnt es sich jetzt nicht, über Dinge zu grübeln wie ›Liegt es an mir oder an den anderen?‹.
Viel besser: Seine ganze Kraft in die Lösung stecken, um da endlich rauszukommen. Später, wenn alles entspannter läuft, macht man sich sowieso noch mal Gedanken darüber, wie man eigentlich da reingerutscht ist und warum es so schwer war, sich aus der verfahrenen Situation wieder zu befreien. Aber jetzt muss erst mal die drängendste Frage geklärt werden: Wie kann man die Situation verändern? Und das geht so:

- 3. **Drüber reden** Das ist leichter gesagt als getan, denkst du wahrscheinlich. Denn es wird dir peinlich sein, darüber zu reden – wie jedem Menschen in solch einer Situation. Eben weil du befürchtest, andere meinen, es sei deine Schuld. Trotzdem: Überwinde dich und sprich darüber! Entweder mit deinen Eltern oder einer anderen Person deines

Vertrauens. Weil es das Einzige ist, was dir weiterhelfen kann.

- 4. **Geduld zeigen, und zwar reichlich** Auf keinen Fall gleich aufgeben, wenn du von deinen Eltern hörst: »Na, du wirst auch nicht ganz unschuldig an deiner Situation sein.« Vielleicht haben sich deine Eltern gerade über dich geärgert oder erinnern sich an einen Streit, in dem du dich nicht von deiner besten Seite gezeigt hast.
Deshalb: Zeig Geduld! Auch Erwachsene verstehen nicht alles sofort. Wenn du aber wirklich kein Verständnis bei deinen Eltern findest, gibt es bestimmt andere, bei denen du dich aussprechen kannst. Bei deinen Großeltern? Deiner Tante? Deinem Onkel? Deiner Lehrerin?

- 5. **Genauer hinschauen** Jetzt kommt das Allerwichtigste. Das heißt: den dunklen, feindseligen Haufen der Mitschüler einmal unter die Lupe nehmen und sortieren. Am besten geht's mit Stift und Papier. Darauf werden – so wie bei dem Spiel »Stadt, Land, Fluss« – drei Felder gemalt. In das erste Feld kommen die Namen der Mitschüler, die so richtig blöd und gemein sind. In das zweite Feld werden diejenigen eingetragen, die sich einfach nur zurückhalten. Und das dritte Feld ist für die bestimmt, die eigentlich immer wieder mal ganz nett waren und auf dich zugegangen sind.

- 6. **Nur die Netten beachten** Jetzt sieht der bedrohliche Kinderklüngel wahrscheinlich schon weniger schwarz aus, weil sich mit etwas Glück ein paar nette Farbtupfer gefunden haben. Von nun an heißt es: Den unfreundlichen Kindern keine Beachtung mehr schenken und sich auf die konzentrieren, mit denen man sich vielleicht verstehen könnte. Leider unverzichtbar in dieser Phase: noch eine dreifache Portion Geduld!

- 7. **Kontakte aufbauen** Kommt oft vor: dass man sich nicht gleich traut, auf die Netten zuzugehen. Das ist dann

eben so. Jeder braucht seine Zeit. Solange die Unsicherheit noch überwiegt, hilft es, sich auf die Kinder zu besinnen, mit denen man gut spielen kann. Das können Nachbarskinder sein oder auch eine Cousine oder ein Cousin.
Gut zu wissen: Wer sich schon mal mit einem anderen Kind gut verstanden hat, ist grundsätzlich dazu in der Lage, Freundschaften zu schließen. Das ist wie mit dem Radfahren: Wer's einmal gelernt hat, kann es für immer und ewig. Wer bislang allerdings nur auf dem platten Land geradelt ist, kommt in den Bergen anfangs ganz schön ins Schwitzen. Dann heißt es: geduldig üben. Aber irgendwann schafft es jeder!

Mobbing – Warum du unbedingt etwas dagegen tun musst!

Was würdest du tun, wenn du immer wieder von Mitschülern geärgert oder sogar körperlich angegriffen würdest?

a) Aushalten und hoffen, dass es bald vorbei geht?

b) Deine Eltern und die Klassenlehrerin informieren, damit sie dafür sorgen, dass der Spuk aufhört?

Antwort b) ist die richtige Lösung. Denn aus eigener Kraft kann man sich aus ernsthaften Mobbing-Situationen nicht befreien. Und trotzdem: Viele Kinder leiden sehr, sehr, sehr lange, bevor sie sich von Erwachsenen Hilfe holen. Das hat zwei Gründe:

1) die Sorge, irgendwie selbst schuld an den Kränkungen zu sein, die man aushalten muss. (Dieser Gedanke nimmt übrigens zu, je länger das Mobben ertragen wird!)

2) die Angst, dass »Petzen« alles nur schlimmer macht, weil die mobbenden Kinder sich übel an dir rächen würden.

Beide Befürchtungen sind jedoch fast immer grundlos. Denn ...

... die Mobber hören meist mit dem Mobben auf, weil sie sich vor dem Ärger mit den Lehrern und den Eltern fürchten. Denn auch sie sind angewiesen auf die Anerkennung der Erwachsenen.

... und wer nicht länger gemobbt wird, fühlt sich freier und sicherer. Er gewinnt eine freundlichere Ausstrahlung, kann besser auf andere zugehen und findet Freunde. Und nichts schützt auf Dauer mehr dagegen, zum Opfer zu werden, als gute Freunde zu haben.

Wichtig: Es kann sein, dass die Mobber nicht gleich Ruhe geben, nachdem die Erwachsenen eingegriffen haben. Dann gilt: sofort wieder Alarm schlagen. Und zwar noch nachdrücklicher als zuvor!

5

Baaahhh .... Hausaufgaben!

Lino hat gar keine Lust, nach Hause zu kommen. Es gibt sowieso wieder Stress wegen der Hausaufgaben. Ständig streitet er deshalb mit seiner Mutter. Alleine schafft er es nicht, aber die Hilfe seiner Mutter bringt ihn auch zur Verzweiflung! Klare Sache: Lino sitzt in der Hausaufgabenfalle. Aber wieso? Und wie kommt er da wieder raus?

Was Lino wissen will

Warum bekomme ich die Hausaufgaben nicht alleine hin?

WARUM KANN ER NICHT EINFACH VON DER SCHULE ERZÄHLEN?
HOFFENTLICH FÄNGT SIE NICHT GLEICH WIEDER MIT DEN HAUSAUFGABEN AN.
WENN ER WENIGSTENS SAGEN WÜRDE, WELCHE HAUSAUFGABEN ANSTEHEN.
WENN SIE DAS H-WORT AUSSPRICHT, STEHE ICH AUF UND GEHE EINFACH RAUS.
ABER ERST SPRECHEN WIR ÜBER DIE HAUSAUFGABEN.
ICH GEH' DANN AUF MEIN ZIMMER.

R2D
MAMAAAA,
DU MUSST MIR HELFEN!
... UND DANN MUSST DU DOCH NUR ÜBERLEGEN, WIE VIELE ...

UND, WAS KOMMT RAUS?
KEINE AHNUNG. SO WIE DU DAS ERKLÄRST, KANN MAN DAS JA NICHT KAPIEREN!
LINO !!!
WENN DU ZUHÖREN WÜRDEST, KÖNNTEST SOGAR DU ES VERSTEHEN.
BIN ICH WIRKLICH SO BLÖD?
Ende

Wie Jan und Lisa darüber denken

Jan: Oh Mann, wie gut ich mich daran noch erinnere. Total ätzend!

Lisa: Ehrlich? Solche Probleme kenne ich gar nicht.

Jan: Du Glückliche! Das kann einem nämlich die ganze Schulzeit verderben.

Lisa: Na, Spaß haben mir die Hausaufgaben auch nicht immer gemacht. Sie waren halt lästig. Aber an so einen Streit mit meiner Mutter kann ich mich wirklich nicht erinnern.

Jan: Ich weiß nicht einmal, wie ich da reingeraten bin. Ich fürchte, ich hab mich einfach unsicher gefühlt, und dachte immer: »Die Hausaufgaben schaff ich nicht.«

Lisa: Und dann hat dir deine Mutter geholfen. Ist doch eigentlich normal.

Jan: Eigentlich schon. Aber ich hatte leider nicht das Gefühl, dass sie mir wirklich hilft. Irgendwie hatte ich den Verdacht, sie will nur alles besser wissen. Und ich habe mich richtig dumm gefühlt.

Lisa: Na ja, ein bisschen verstehe ich ja, dass man als Kind dabei abschaltet. Wer will schon immer belehrt werden?

Jan: Und wer will sich immer dumm fühlen?

Lisa: Aber die Mütter tun mir auch leid. Sie geben sich viel Mühe und keiner ist dankbar.

Jan: Stimmt nicht ganz. Ich hatte immer ein schlechtes Gewissen, weil ich so schlecht gelaunt war, wenn sie mir was erklärt hat.

Lisa: Und hast dich selbst ganz dumm gefühlt. Komisch, denn du bist doch heute ganz gut in der Schule!

Jan (grinst)**:** Und Stress mit meiner Mutter wegen der Hausaufgaben habe ich auch nicht mehr – was allerdings ihr zu verdanken ist. Sie hatte nämlich irgendwann die Nase voll von meiner schlechten Laune, da musste ich es ohne sie schaffen. Und weil ich nicht ständig einen Freund um Rat fragen wollte, habe ich mich selbst mehr angestrengt. Irgendwann habe ich dann gemerkt, dass ich doch nicht blöd bin.

Lisa: War das vielleicht so?

Jan: Vermutlich war das wohl so ähnlich. Aber glaub bloß nicht, dass das so schnell ging. Anfangs hätte ich vor Wut und Verzweiflung oft in die Tischkante beißen können ... Es hat mich Wochen gekostet, bis ich die Hausaufgaben alleine einigermaßen hinbekommen habe.

Was Lino (und dir) in dieser Situation helfen kann

• 1. **Hausaufgabenprobleme sind normal** Also: Kopf hoch, falls du selbst in der Hausaufgabenfalle sitzt. Mach dir deshalb keine Vorwürfe. Denn da gerät man schneller hinein, als man möchte.
Ein paar Kleinigkeiten genügen schon: ein bisschen Unsicherheit bei den Hausaufgaben, zu starke Ungeduld, wenn es nicht auf Anhieb klappt, etwas zu viel Empfindlichkeit, wenn du belehrt wirst. Kommt dann noch die Befürchtung deiner Mutter hinzu, dass du die Hausaufgaben nicht alleine schaffst ... gute Nacht – die Falle schnappt zu! Aber keine Sorge, du findest wieder heraus. Nämlich so:

• 2. **Den richtigen Zeitpunkt finden** Damit du dich vor den Hausaufgaben gut und entspannt fühlst, solltest du nach dem Mittagessen erst mal eine halbe Stunde etwas Schönes für dich tun. Spielen, malen, bauen oder Musik hören zum Beispiel. Nur folgende Dinge sind absolut tabu: Fernsehen, Computer spielen, Internet. Die vielen Eindrücke, die du über die Medien abrufst, beschäftigen dein Gehirn so sehr, dass es anschließend nicht mehr gut in der Lage ist, sich aufs Lernen zu konzentrieren.

• 3. **Den Erfolg organisieren** Zu Beginn der Hausaufgaben schaust du dir am besten alle Aufgaben an und teilst sie ein.
Zuerst kommt eine leichte Aufgabe, um das Denken in Schwung zu bringen. Gleich im Anschluss erledigst du diejenige, die du am liebsten schieben möchtest (weil sie so schwer, so langweilig, so zeitraubend ist – egal, warum). Schieben ist ABSOLUT VERBOTEN!!!!!!! Sonst klebt sich die Unlust, die du angesichts dieser Aufgabe empfindest,

auch noch unbemerkt an die anderen. Und alles Lernen wird blöd. Deshalb: Einfach loslegen und durch! Jede Aufgabe, die danach kommt, wird dir sofort leichter fallen.

- 4. **Lerneinheiten einteilen** Nachdem du die Aufgaben der Reihe nach sortiert hast, zerlegst du sie am besten in kleine Päckchen. Die Größe stimmt, wenn die Päckchen so klein sind, dass du sicher sein kannst, sie in einer bestimmten Zeit zu erledigen.
Um dein Arbeitstempo zu erhöhen, kannst du dir einen Wecker (ohne lautes Ticken!) auf deinen Schreibtisch stellen und dir für jedes Aufgabenpäckchen eine Zeit vorgeben. Denk daran: Du willst dir Erfolgserlebnisse verschaffen! Schenk dir also eher mehr Zeit, als du brauchst. Du wirst stolz sein, wenn du schneller warst.

- 5. **Im Notfall helfen lassen** Letztlich gibt es wahrscheinlich gar nicht so viele Aufgaben, die du nicht alleine hinbekommst. Für diesen Teil verabredest du mit deinen Eltern am besten eine bestimmte Zeit zum Helfen. Sie sollte am Ende der Hausaufgaben stehen und auf keinen Fall länger als eine halbe Stunde dauern. Wenn ihr das gemeinsam im Vorhinein festlegt, kommst du gar nicht in Versuchung, ständig deine Mutter um Hilfe zu rufen.
Noch ein Plus: Deine Mutter wird viel freundlicher auf dich eingehen können. Damit das so bleibt, hört bitte sofort mit dem Lernen auf, wenn ihr schlecht gelaunt und genervt seid.
Schlechte Laune blockiert jedes Gehirn, deshalb geht dann sowieso nichts rein. Falls deine Mutter nicht versteht, warum ihr nur in guter Stimmung zusammen arbeiten solltet, lass sie dieses Kapitel lesen!

- 6. **Zugeben, wenn etwas unklar ist** Falls du die Hausaufgaben auf diese Weise erledigst, aber etwas nicht lösen kannst, klapp das Heft zu. Aber: Sprich am nächsten Tag mit deiner Lehrerin darüber und bitte sie, dass sie dir den

Stoff noch einmal erklärt. Niemand erwartet von dir, dass du immer alles auf Anhieb richtig machst.

- 7. **Unterstützung holen** Du wagst es noch nicht, deine Hausaufgaben ganz allein zu managen? Dann bitte deine Mutter oder deinen Vater, dass sie oder er sich vor Beginn der Hausaufgaben fünf bis zehn Minuten zu dir setzt und dir bei der Aufteilung hilft.

Anschließend solltest du unbedingt an deinem Arbeitsplatz weitermachen. So kommst du nicht in Versuchung, sofort zu fragen, falls du nicht weiterkommst.

Du wirst sehen: Dein Selbstvertrauen wächst rasant, sobald du die Erfahrung gemacht hast, dass du dir etwas selbst erarbeiten konntest, was du dir vorher nicht zugetraut hast. Das Allerwichtigste aber ist: Du erlebst, dass das Leben auch außerhalb der Ferien wieder Spaß macht und die Hausaufgaben gar keine so große Rolle darin spielen (wie du im Moment vielleicht denkst).

Hausaufgaben – Was bringen sie eigentlich?

Ganz einfach: Sie machen schlau, wenn man sie alleine erledigt. Und das sorgt wiederum für drei schöne Nebenwirkungen:

1. Sobald du deine Hausaufgaben selbstständig schaffst, weißt du genau, was du kannst.
2. Du wirst dich viel lieber im Unterricht melden. Und der Unterricht macht dir natürlich mehr Spaß, weil du Bestätigung bekommst.
3. Deine Angst vor Klassenarbeiten schrumpft. Kein Wunder: Du hast ja jede Menge Übung, weil du ähnliche Aufgaben bereits alleine gelöst hast. Plus: Du wirst nicht gleich nervös, wenn du die Lösung nicht sofort weißt. Du hast ja gelernt, dass es dir weiterhilft, wenn du darüber nachdenkst.

6

Puuuuuhhhhh .... Eltern!

Marie kennt das schon: Wenn zwischen ihren Eltern die Fetzen fliegen, möchte sie sich selbst am liebsten in Luft auflösen. Zaubern können wäre auch nicht schlecht. Alle bösen, lauten Worte einfach weghexen. Marie hat nämlich furchtbar Angst, dass sich ihre Eltern trennen. Obwohl die immer sagen, dass sie sich den Streit nicht so zu Herzen nehmen soll. Bitte: Wie soll das denn gehen?

Was Marie wissen will

Warum streiten sich meine Eltern so oft?

KLAR, DU DENKST JA AUCH NUR AN DICH ...
LANGSAM HABE ICH DIE NASE VOLL.
AUFHÖREN!!!!!
HÖRT ENDLICH AUF ZU STREITEN!
WAS MACHST DU DENN HIER?
ICH WILL NICHT, DASS IHR EUCH SO STREITET.
GEH' SOFORT WIEDER AUF DEIN ZIMMER. DAS GEHT NUR UNS ETWAS AN!
ABER BITTE SCHNELL!

WENN DU NICHT ...
DAS HÄTTE DOCH AUCH NICHTS GEÄNDERT ...
HOFFENTLICH LASSEN SIE SICH NICHT SCHEIDEN!
WEISST DU, WAS DU MICH KANNST ...
JETZT DREHST DU WOHL VÖLLIG DURCH?

KNALL
RUMMS
!!!!!!!!!
WAR DAS DIE HAUSTÜR?
MARIE SCHAUT AUS DEM FENSTER ...
... UND WEINT.
Ende

Wie Jan und Lisa darüber denken

Lisa: Das ist ja übel!

Jan: Ich finde es bis heute schrecklich, wenn meine Eltern streiten. Aber ganz so schlimm wie bei Marie war das bei uns nie.

Lisa: Bei uns schon. Das Ergebnis kennst du ja: Meinen Vater sehe ich nur noch alle zwei Wochen.

Jan: Das muss schrecklich sein, wenn die Eltern getrennt sind.

Lisa: Ach, man kann sich an alles gewöhnen. Vor der Trennung war es übler. Jeden Abend Streit zwischen meinen Eltern! Oft bin ich schon mit Angst ins Bett gegangen. Und manchmal habe ich nur noch geweint, weil ich nicht verstehen konnte, dass meine Eltern sich gegenseitig so fertigmachen. Ich dachte immer: Wie können die beiden nur so gemein zueinander sein, obwohl ich sie doch beide so lieb habe?

Jan: Ach, Mensch! Du musst dich ja absolut mies gefühlt haben ...

Lisa: Und wie! Total einsam und hilflos. Man kann gar nichts machen und bei jedem Streit nur hoffen, dass er irgendwann vorbei geht.

Jan: Das ist bei mir anders. Mich macht es total wütend, wenn sich meine Eltern anschreien. Und ich weiß noch, wie ich mal dazwischen gegangen bin. Vielleicht sollte Marie das auch mal tun?

Jan: Ich weiß noch, wie gut es mir getan hat, dass sie mich endlich wahrgenommen haben. Und ein bisschen stolz war ich auch. Ich hatte nämlich nicht gedacht, dass ich so viel erreichen kann.

Lisa: Klingt ziemlich gut! Das hätte bei mir nie geklappt. Dafür waren meine Eltern viel zu wütend aufeinander. Und das war immer spürbar. Entweder war die Stimmung eisig. Oder die beiden sind explodiert. Nie war die Situation entspannt, wenn die beiden in einem Zimmer waren.

Jan: Und wie geht es dir, seit deine Eltern in verschiedenen Wohnungen leben?

Lisa: Hm, richtig schlimm war es in der ersten Zeit, nachdem sich meine Eltern getrennt hatten.

Jan: Kann ich mir vorstellen. Ich würde immer fürchten, dass mein Vater glaubt, ich hätte was gegen ihn, wenn ich mich mit meiner Mutter verstehe oder Spaß mit ihr habe ... und umgekehrt.

Lisa: Ja, genau so war's!

Jan: Ich frag mich, wie du heute so entspannt sein kannst?

Lisa: Ehrlich gesagt, das frage ich mich gerade auch. Aber wenn ich nachdenke: Es war ja nicht nur schlimm. Es gibt auch viele gute Erinnerungen an die Zeit. Meine Freundinnen und Badmintonspielen zum Beispiel. Und das Wichtigste: meine Großeltern, bei denen ich mich immer wohlgefühlt habe. Inzwischen habe ich mich an das Hin und Her zwischen meinen Eltern einigermaßen gewöhnt.

Was Marie (und dir) in dieser Situation helfen kann

- **1. Streiten ist normal** Sogar wenn Eltern das tun. Trotzdem bedeutet jeder Streit zwischen deiner Mutter und deinem Vater reichlich Stress für dich. Denn als Kind hat man das Gefühl, es rutscht einem der Boden unter den Füßen weg, wenn man sich vorstellt, dass sich die Eltern vielleicht gar nicht mehr verstehen. Schau deshalb nach dem Ende des Streits genau hin. Mit etwas Glück wirst du feststellen, dass Streit durchaus wie ein reinigendes Gewitter wirken kann. In diesem Fall verstehen sich deine Eltern wieder gut danach, vielleicht sogar besser als vorher.

- **2. Einmischen erlaubt** Du hast das Gefühl, du hältst es nicht aus, dass deine Eltern so wütend aufeinander sind? Dann probier ruhig mal aus, dazwischenzugehen. Zeig deinen Eltern, wie weh es dir tut, wenn sie sich gegenseitig beleidigen.
  Falls sie nicht gerade vor Wut (aufeinander – nicht auf dich!) platzen, kannst du sie mit deinem Eingreifen vielleicht zur Besinnung bringen. Es ist nämlich möglich, dass sie deine Anwesenheit vor lauter Streiten vergessen haben und ihnen durch dein Einmischen erst schlagartig klar wird, in welch schlimme Lage sie dich gebracht haben.

- **3. Gefühle aussprechen** Vielleicht fürchtest du, durch dein Einmischen könnte dich die ganze Wut deiner Eltern treffen. In diesem Fall sprich nach dem Streit mit deinen beiden Eltern oder mit einem von ihnen. Dann aber unbedingt! Deine Eltern MÜSSEN wissen, wie du dich fühlst und was dir Angst macht. Außerdem kannst du nur auf diese Weise von ihnen erfahren, welche Bedeutung der Streit für deine Eltern hat.

• 4. **Rat suchen** Angenommen, deine Eltern streiten sich ganz schrecklich. Und vor lauter Wut aufeinander können sie gar keine Rücksicht mehr auf dich nehmen. So etwas kann vorkommen. In diesem Fall solltest du unbedingt einen Erwachsenen suchen, dem du dich anvertrauen kannst.
Zieh dich auf keinen Fall in dein Schneckenhaus zurück. Da fühlst du dich nur einsam und unglücklich. Versuche daher immer, jemanden zu finden, der dir helfen kann: egal, ob Oma, Opa, Tante, Onkel, große Geschwister, Cousine oder Freund.

• 5. **Hoffen auf bessere Zeiten** Wenn sich Eltern richtig schlimm streiten und sich gegenseitig sogar feindselig behandeln, fühlen sie sich vermutlich ganz und gar von ihrer Wut beherrscht. Das ist wie eine heftige Grippe, bei der man erst einmal gar nicht viel ausrichten kann. Aber auch diese Krankheit dauert in aller Regel nicht ewig. Entweder finden deine Eltern wieder zusammen und verstehen sich bald wieder besser. Oder aber jeder von ihnen wird sich mit der Zeit ein eigenes Leben aufbauen, mit dem du auch zurechtkommen wirst. (Die Streitereien werden dann automatisch weniger!)

• 6. **Gut zu wissen** Das Leben deiner Eltern wird weitergehen und wieder friedlicher werden. In der Zwischenzeit solltest du auch genießen, was dir dein Leben an Schönem zu bieten hat: Freunde, Hobbys und sogar entspannte Momente und lustige Erlebnisse mit deinen Eltern (oder zumindest einem von beiden).
Und noch etwas: In schwierigen Zeiten erlebt man gar nicht so selten, dass man Menschen für sich entdeckt, die vorher keine besondere Rolle gespielt haben. Das können Gleichaltrige sein, die Ähnliches erlebt haben. Oder auch Verwandte, die sich mehr um dich kümmern. Wie immer gilt auch hier: Bleib offen für Neues! Kleine Wunder passieren gerade dann, wenn man gar nicht mit ihnen rechnet.

Scheidung – Wie überlebe ich die Trennung meiner Eltern?

Mal angenommen, deine Eltern sind bereits geschieden. Und du hast nicht das seltene Glück, dass sie sich trotzdem weiterhin gut verstehen. In diesem Fall ist dein Leben garantiert nicht leicht. Schon allein deshalb, weil du es dir verbietest, einfach so zu sein, wie du dich fühlst. Es wird immer wieder Tage geben, an denen du auf ein Elternteil nicht gut zu sprechen bist. Das ist ganz normal. Wären die beiden noch zusammen, könntest du dich jeweils an den anderen wenden. Denn Eltern, die sich gut verstehen, haben meistens Verständnis für ihr Kind UND für den Partner, mit dem das Kind gerade Schwierigkeiten hat, deswegen können sie gut vermitteln. Aber so?

Solange die beiden zerstritten sind, wirkt jedes ungute Wort von dir über den einen wie Öl im Feuer des anderen. Was wiederum den Streit, die gegenseitige schlechte Meinung über den anderen verstärkt, obwohl du das natürlich auf keinen Fall willst. Das würde dich selbst richtig verletzen und dir außerdem noch ein schlechtes Gewissen machen. Also hältst du meistens tapfer den Mund, obwohl du viel lieber Dampf ablassen würdest.

Stopp! Diese Zurückhaltung ist nicht nur wahnsinnig anstrengend, sie tut dir auch nicht gut. Such deshalb nach jemandem, mit dem du reden kannst. Wenn du sauer auf deine Mutter bist, könntest du zum Beispiel mit einem ihrer Geschwister oder ihren Eltern sprechen. Wähle jemanden aus, der deine Mutter gern mag und gleichzeitig offen für deinen Standpunkt ist. Wer immer diese beiden Bedingungen erfüllen kann: Er wird dir vermutlich aus deinem Kummer heraushelfen können. Gleiches gilt natürlich bei Stress mit deinem Vater!

7

Aaahhrgghh .... Schwestern!

Paul kann es nicht fassen: Alle Erwachsenen finden seine Schwester »Svenja Superstar« furchtbar nett. Nur Paul kriegt immer zu hören, was bei ihm nicht in Ordnung ist. Er ist zu wild, zu unhöflich, zu faul – kurz: zu sehr Paul. Egal, was er macht, Svenja macht's besser. Deshalb ist sie so beliebt und er nicht. Er wünscht sich nur eines: dass ihn in dieser Familie endlich auch mal jemand bemerkt. Doch: Wie soll er das hinkriegen?

Was Paul wissen will

Warum finden meine Eltern meine große Schwester immer so toll?

ELLENBOGEN VOM TISCH!
... DANN BEKOMME ICH BESTIMMT SIEBEN EINSEN INS ZEUGNIS!
DAS IST JA GROSSARTIG, SVENJA!
PAPA, KOMMST DU NACHHER MAL ZUR HALFPIPE? WÜRDE DIR GERN WAS ZEIGEN.

MUSS LEIDER GLEICH LOS …
ABER DU SOLLTEST AUCH BESSER
DEINE HAUSAUFGABEN MACHEN.
IMMER NUR SCHULE,
SCHULE, SCHULE … !!!!!
SCHULE!!!
SVENJA?
SUPER!
JA, WIE IMMER …
DU KENNST SIE JA!

PAUL?
JA, WAS SOLL ICH SAGEN?
SAG DOCH, WAS DU DENKST: PAUL SCHREIBT NIE EINSEN. ER IST DER BLÖDMANN IN DER FAMILIE!
PENG!
Ende

Wie Jan und Lisa darüber denken

Lisa: Armer Paul! Der fühlt sich bestimmt total daneben in seiner Familie.

Jan: Woher willst du das wissen? Du bist doch selbst eine ältere Schwester!

Lisa: Und, was hat mir das gebracht? Keine Spur von Respekt! Mein kleiner Bruder Luis war nicht nur ein super Fußballer, der gehörte auch zu den Klassenbesten. Glaub mir, das nervt, immer nur die Nummer zwei zu sein!

Jan: Wieso? Was ist denn daran so schlimm? Hättest doch selbst Fußball spielen können ...

Lisa: Darum ging es doch gar nicht! Fußball fand ich immer langweilig. Schlimm war, dass mein Vater nur Augen für meinen Bruder hatte und ihn wirklich zu jedem Spiel gefahren hat. Und als Luis mich auch noch in der Schule überholt hat, hatte ich das Gefühl, unsichtbar für meine Familie zu sein.

Jan: Aber du wirst doch auch irgendetwas gut gekonnt haben, oder?

Lisa: Nein. Ich meine, doch, irgendwie schon. Aber eine Zeit lang dachte ich, alles, was ich mache, ist sinnlos. Manchmal habe ich meinen Bruder richtig gehasst vor Neid. Ich hatte das Gefühl, der strahlt die ganze Zeit so sehr, dass ich in seiner Nähe nur schwarze Schatten werfe. Egal, wie sehr ich mich anstrenge aufzufallen. Furchtbar!

Jan: So geht es Paul sicher auch oft:

Lisa: Du kennst so etwas nicht, oder?

Jan: Schön wär's! Meine große Schwester ist auch so eine Art Super-Svenja. Die war und ist immer die Große, die Vernünftige, die mit den Supernoten. Trotzdem: Mein kleiner Bruder regt mich eindeutig mehr auf.

Lisa: Wieso das denn? Der ist doch ganz niedlich!

Jan: Aarrrgh, nicht du auch noch! Du solltest mal erleben, was für ein Angeber der sein kann. Und meine Eltern merken das nicht einmal. Egal, was er macht, die finden ihn immer »süüüüß«.

Lisa: Hey, bist du etwa eifersüchtig?

Jan: Quatsch! Auf den doch nicht!

Lisa: Klingt aber so.

Jan: Und wenn schon. Ist doch kein Wunder, so wie der immer umschleimt wird. Vor allem mit seiner Geige. Kaum setzt er den Bogen an, schmelzen alle dahin. Aber seit ich Basketball spiele, ist mir das mit meinem Bruder nicht mehr so wichtig.

Lisa: Cool! Du bist ein richtig toller Basketball-Spieler!?

Jan: Nö, gar nicht. Aber ich habe in der Mannschaft viele Freunde gefunden.

Lisa: Schön! Aber was ich trotzdem nicht verstehe: Wie können dir deine Freunde dabei helfen, dass du bei deinen Eltern gut ankommst? Denn darum geht es dir doch eigentlich, oder?

Jan: Na ja, inzwischen ist es mir eigentlich wichtiger, mich mit meinen Freunden zu verstehen, als von meinen Eltern bewundert zu werden.

Was Paul (und dir) in dieser Situation helfen kann

- **1. Verständnis haben** Und zwar für sich selbst. Denn jeder ist mal neidisch oder eifersüchtig. Oder beides zusammen. (Wer etwas anderes behauptet, lügt!)
Es gibt immer einen, der lustiger, beliebter, hübscher, klüger oder schneller ist als man selbst. Und Zweiter, Dritter, Vierter oder gar Letzter sein tut weh. Eins sollte man nicht vergessen, auch wenn es direkt in der Situation nur ganz wenig tröstet: Es ist normal, dass es wehtut!

- **2. Geschwister beneiden** Vielleicht hast du dich schon mal gefragt, warum der Stachel Eifersucht so ganz besonders tief sitzt, wenn die Schwester oder der Bruder bei den Eltern besser ankommt? (Selbst dann, wenn man sich das nur einbildet.)
Dafür gibt es einen wichtigen Grund: Man kann sich als Kind nur gut fühlen, wenn man ganz sicher ist, dass einen die Eltern wirklich lieben. Und jedes Kind zweifelt besonders an der Liebe der Eltern, wenn es sieht, dass ein Geschwister viel Anerkennung bekommt. Kein Wunder, dass sich da der Gedanke aufdrängt: Als Einzelkind würden mich meine Eltern viel lieber mögen!

- **3. Befürchtungen prüfen** Es gibt Mädchen und Jungen, die können irgendeine Sache wahnwitzig gut. Dafür werden sie bewundert. (Was ja in Ordnung geht – vor allem, wenn man selbst betroffen ist.) Falls es sich dabei aber nicht um dich, sondern um deine Schwester oder deinen Bruder handelt, siehst du das vermutlich nicht ganz so entspannt. Denn bekommt dein Geschwister wegen seiner Leistung viel Anerkennung, stellt sich dir fast unweigerlich die Frage: »Haben meine Eltern mich überhaupt noch lieb, wenn ich nicht so etwas Tolles kann?« Du willst eine ehrliche Antwort? Vermutlich heißt sie: Ja.

Denn normalerweise geht es beim Liebhaben nicht um Leistung. Auch nicht um besonders schön oder klug sein. Sondern einfach darum, dass man so gemocht wird, wie man ist. Mit allem Drum und Dran. Also allen Vor- und Nachteilen, mit denen einen die Natur so ausgestattet hat. Überlege noch einmal ganz genau: Sieht es tatsächlich so aus, als hätten deine Eltern deine Geschwister lieber als dich? Wirklich? Wirklich, wirklich?

• 4. **Reaktionen angucken** So, jetzt musst du die Blickrichtung wechseln. Weg von deinem Geschwister, weg von deinen Eltern, hin zu dir. Was macht deine Eifersucht mit dir? Grummelt sie ganz tief versteckt vor sich hin? Oder brodelt sie an der Oberfläche und lässt dich schlecht gelaunt und kratzbürstig sein? (Achtung: Es ist wichtig, dass du an dieser Stelle ganz ehrlich zu dir bist!)

Verhältst du dich wie ein liebenswerter Mensch? Oder signalisierst du, dass du alle in deiner Familie blöd findest? Letzteres ist zwar verständlich, wenn du eifersüchtig bist. Aber es führt dazu, dass du vermutlich Stress mit deinen Eltern hast, weil du dich so kratzbürstig verhältst – und nicht, weil du zu wenig leistest. Probier doch mal aus, wie sich deine Eltern verhalten, wenn du nett bist. Vielleicht erlebst du sie dann auch freundlicher.

• 5. **Das Herz ausschütten** Falls du weiterhin unsicher bist, ob deine Eltern dich wirklich lieb haben, gilt (wie eigentlich immer): Rede mit ihnen! Oft ist es leichter, erst einmal mit einem von beiden zu sprechen!

Sag unbedingt, welche Zweifel an dir nagen. Vielleicht kannst du sogar mit ein paar Beispielen erklären, warum du den Eindruck hast, dass deine Eltern dein Geschwister lieber haben als dich. Zum Beispiel, dass ihr Tonfall strenger wird, wenn sie mit dir sprechen. Sehr wahrscheinlich werden deine Eltern froh sein über ein so persönliches Gespräch mit dir. Dir selbst wird es sowieso guttun. Das merkst du schon daran, dass deine Eifersucht gleich ein bisschen kleiner wird.

- **6. Deine guten Seiten kennen** Neid und Eifersucht werden weniger, wenn du älter wirst. Das hängt damit zusammen, dass du immer besser weißt, was alles Gutes in dir steckt.

Außerdem: Je größer du wirst, desto unabhängiger wirst du dich von deinen Eltern fühlen. Deine Freundschaften werden dir wichtiger und du entdeckst Fähigkeiten in dir, an die weder du noch deine Eltern zuvor gedacht haben.

Neid und Eifersucht – darf das überhaupt sein?

Jetzt geht es darum, Farbe zu bekennen: Schon mal grün vor Neid gewesen? Niemand gibt gern zu, wenn er sich ganz krank vor Eifersucht fühlt. Oder wie geht es dir, wenn du hörst: »Ach, du bist ja nur neidisch!« Oder: »Du brauchst doch gar nicht eifersüchtig zu sein!« Die meisten Menschen fühlen sich durch eine solche Äußerung ziemlich gekränkt. Denn Neid und Eifersucht sind die Gefühle, die wir eigentlich nicht zugeben möchten. (Zum Vergleich: Wut geht leichter, weil man sich dabei stark fühlen kann und oft sogar im Recht. Traurigkeit ist schon etwas schwerer, weil sie als ein Zeichen von Schwäche empfunden werden kann. Aber immerhin ist sie mit dem Gefühl von Unschuld, also dem Gefühl: nichts dafür können, verbunden und von daher irgendwie doch in Ordnung.)
Aber: Neidisch und eifersüchtig wollen wir überhaupt nicht sein. Das würde ja bedeuten, dass man zugeben würde, sich

klein zu fühlen und voller schlechter Gedanken zu sein. Und anderen etwas nicht zu gönnen, weil man sich nicht zutraut, es selbst zu bekommen.
Schlimmer Neid bezieht sich nämlich immer auf besondere Fähigkeiten und Eigenschaften, die wir anderen nicht zugestehen wollen. Heftige Eifersucht bezieht sich immer auf einen Menschen, den wir nicht mit anderen teilen wollen. Nun will aber niemand als schwach und missgünstig betrachtet werden. Deshalb streitet man es meistens ab, wenn man neidisch und eifersüchtig ist.
Und jetzt kommt endlich das große Aber: Es gibt keinen Grund, sich für diese Gefühle zu schämen. Ja, man darf und soll (!) sie sich ruhig eingestehen. Denn: Erstens steckt in uns allen ein neidischer Giftzwerg. Und zweitens wird man mit jedem hässlichen Gefühl leichter fertig, wenn man es beim Namen nennt. (Ganz wie im Märchen vom Rumpelstilzchen. Dieser Zwerg hatte auch nur so lange die Macht über die Königin, bis sie seinen Namen kannte. Da war sein böser Zauber gebrochen.)

8

Iiiiihhhhh .... Brüder!

Bäng! Svenja schubst ihren Bruder Paul und der fällt hin. Geschieht ihm ganz recht! Erst hat er heimlich ganz viele von ihren Gummibärchen gegessen und sich dann auch noch über sie lustig gemacht. Jetzt heult der dumme Kerl natürlich extralaut, damit Mama als sein rettender Engel angesaust kommt. Und wer steht wieder blöd da? Svenja natürlich. Weshalb halten Eltern bloß immer zu den Kleinen?

Was Svenja wissen will

Warum halten Eltern immer zu den Kleinen?

PAAAAUUL!!!
DU IDIOT HAST ALLE MEINE GUMMIBÄRCHEN AUFGEGESSEN, STIMMT'S?!
KAUF DIR GEFÄLLIGST SELBST DEINE SÜSSIGKEITEN!

BLÖDE KUH!
ICH HABE DOCH GAR NICHT SO VIEL TASCHENGELD WIE DU!
!
HEY ...
RUMMS!

MAMAAAAAAAA!
WARUM BIST DU NUR IMMER SO GEMEIN ZU IHM?
Paul ist doof!
Mama auch

Wie Jan und Lisa darüber denken

Jan: Mensch, Lisa, wie oft habe ich mich früher so wie Paul gefühlt!

Lisa: Ooooh, eine Runde Mitleid. War es nicht schön, von Mama immer beschützt zu werden vor der bösen, bösen großen Schwester?

Jan: Hör auf damit! Du hast davon ja keine Ahnung! Du bist doch selbst die Große! So eine, die immer damit angibt, wie gut sie ihre Süßigkeiten aufbewahren kann, und so hinterlistige Dinge sagt wie: »Was? Du hast deine Schokolade schon aufgegessen? Dein Pech, wenn du dir das nicht besser einteilst!« Da kann man sich doch nur klein und dämlich fühlen.

Lisa: Na, ein paar Sprüche müssen doch wohl erlaubt sein. Ihr habt schließlich immer die Mütter auf eurer Seite. Und die halten euch doch sowieso für ihre kleinen Unschuldslämmer und geben uns Älteren die Schuld.

Jan *(grinst)*: Man tut, was man kann.

Lisa: Aber da wir gerade dabei sind: Erklär mir doch mal, warum Paul einfach in Svenjas Zimmer gegangen ist und ihre Gummibärchen aufgegessen hat. Was denkt der sich dabei?

Jan: Das könnte so gewesen sein:

Lisa: Ach, so geht das: Erst ist Paul neidisch. Dann denkt er an alles, was er an seiner Schwester mies findet. Und wenn er sie sich schlecht genug gemacht hat, glaubt er, dass es nur gerecht ist, ihr was wegzunehmen.

Jan: Na ja, so ungefähr schon. Aber Paul hat das Ganze sicher auch gleich bereut.

Lisa: Davon war aber nichts zu sehen. Dann hätte er doch zugegeben, was er gemacht hat, und sich entschuldigt …

Jan: Das glaubst du doch selbst nicht. Hast du dich schon mal direkt entschuldigen können, wenn du bei einer miesen

Sache erwischt worden bist? Dann verteidigt man sich doch ganz automatisch. Vor allem, wenn man so richtig angegriffen wird. Außerdem: An welcher Stelle entschuldigt sich Svenja denn? Oder ist Schubsen inzwischen erlaubt?

Lisa: Also bitte! Wie soll Svenja sich entschuldigen, wenn ihre Mutter nur die Fehler bei ihr sieht? Svenja fühlt sich doch richtig ausgestoßen, wenn sich die Mutter und Paul so einig sind, wie sie die Sache betrachten. Wenn sie sich jetzt entschuldigen würde, müsste sie sich klein und mies vorkommen, weil das Ganze doch total unfair ist. Überhaupt: Warum hält sich die Mutter nicht einfach raus? Das wäre doch besser für alle!

Jan: Dann würde es aber schlecht für Paul aussehen. Gegen eine ältere Schwester hat man doch gar keine Chance!

Lisa: Glaub ich nicht. Ich stell mir das so vor:

Jan: Hmm ... könnte natürlich sein, dass das ohne Mutter so abläuft. Aber ich glaub, das funktioniert nur, wenn sich beide ungefähr gleich stark fühlen. Vielleicht hat die Mutter ja das richtige Gefühl gehabt, dass Paul seiner Schwester hoffnungslos unterlegen ist.

Lisa: Oder sie sieht in ihm einfach immer noch den hilflosen Kleinen von früher und hat noch gar nicht richtig mitbekommen, wie gut sich Paul inzwischen wehren kann.

Jan: Ehrlich gesagt, ich kann mir vorstellen, dass das Schreien und Kreischen den Müttern furchtbar auf die Nerven geht. Die wollen das einfach nur abstellen.

Lisa: Aber dazu sollen immer die Älteren nachgeben – das ist doch nicht fair!

Jan *(grinst)*: Meine Mutter hat leider doch irgendwann mitbekommen, dass ich sie nicht mehr brauche. Schade eigentlich.

Lisa: Ach ... das bedeutet wohl, dass sich auch Mütter ändern können. Das lässt ja hoffen für Svenja.

Was Svenja (und dir) in dieser Situation helfen kann

• 1. **Zu verstehen, warum kleine Geschwister oft so gemein sind** Was machen jüngere Geschwister lieber, als die älteren auf die Palme zu bringen? Anscheinend nicht viel. Und dir gibt es das üble Gefühl, dass du nicht respektiert wirst – obwohl du älter bist. Außerdem macht es dich sicher wütend, wenn deine Mutter so selten zu dir hält. Verständlich! Vielleicht hilft es dir, wenn du dir Folgendes klarmachst: Kleine Geschwister verhalten sich nur deshalb so fies, weil sie sich gegenüber den Größeren unterlegen fühlen.

• 2. **Sich zurückziehen, wenn man gerade so richtig explodiert ist** Wenn du mal richtig in die Luft gegangen bist, gilt: tief Luft holen und dich ein bisschen zurückziehen. Denn wer so richtig wütend ist, kann kein Verständnis mehr für den anderen aufbringen. Geh am besten in dein Zimmer und mach etwas Schönes, was dich gut ablenkt. Die Gedanken an den Streit laufen dann nebenbei weiter, ohne dass du es richtig merkst. Und wenn der Streit nicht ganz schlimm war, spürst du nach einiger Zeit, dass sich deine Wut in Luft aufgelöst hat. Unbedingt mal ausprobieren!

• 3. **Nicht auf eine Entschuldigung pochen** Deine Schwester oder dein Bruder soll sich förmlich bei dir entschuldigen? Vergiss es! Dein kleines Geschwister würde sich nur noch unterlegener fühlen.
Um seiner Ehre willen muss es die Entschuldigung verweigern oder aber mit viel Zorn im Herzen darum bitten. Deshalb sollte es genügen, wenn dein Geschwister irgendwann einen freundlichen Schritt auf dich zumacht. Damit zeigt es seinen Wunsch, sein kleines Vergehen wiedergutzumachen. Und das darfst du großherzig gelten lassen.

- 4. **Die Mutter überflüssig machen** Wenn du das Gefühl hast, dass eure Mutter durch ihr Einmischen alles nur viel schlimmer macht, kannst du ihr vorschlagen, dass sie sich eine Zeit lang zurückhält. So könnt ihr alle ausprobieren, ob es auch ohne sie geht. Vereinbart anfangs am besten einen festen Zeitraum für die Testphase, eine oder zwei Wochen zum Beispiel. Damit hat die ganze Sache einen Rahmen und du zeigst dadurch auch, dass du die Sorge deiner Mutter berücksichtigst. Nicht vergessen: nach Ablauf der Zeit unbedingt über die Erfahrungen sprechen!

- 5. **Großzügigkeit kann helfen** Vermutlich findest du den folgenden Gedanken verblüffend oder gar absurd. Aber: Achte mal drauf, wie deine kleine Schwester oder dein kleiner Bruder reagiert, wenn du ganz nett und großzügig bist, zum Beispiel mal etwas freiwillig abgibst oder hilfsbereit bist. Ziemlich sicher passiert etwas Schönes: Du wirst vom jüngeren Geschwister angehimmelt und erntest viele Liebesbeweise.
Sobald die Kleinen von den Großen Zuneigung erfahren, dreht sich die Sache nämlich: Anstelle des Beneidens entsteht allmählich Bewunderung. Das ist auf jeden Fall einen Versuch wert!

Erster, Zweiter, Dritter? – Wo stehst du in der Geschwisterreihe?

Vielleicht hast du schon mal darüber nachgedacht, wie sich das Leben an einer anderen Position in der Familie anfühlen würde. Zum Beispiel mit älteren Geschwistern, wenn du selbst das älteste Kind bist? Oder vielleicht der oder die Älteste zu sein, wenn du das jüngste Geschwister bist? Tatsächlich würde sich auf diese Weise viel verändern. Aber so viel vorweg: Jede Position hat ihre Vor- und Nachteile. Und aus jeder heraus kannst du dich super entwickeln!

Erster sein!
Der Vorteil: Erster sein, bedeutet vor allem eines: die Liebe und Aufmerksamkeit der Eltern eine Zeit lang für sich ganz allein genießen zu können.
Aber: Vom ältesten Kind erwarten die Eltern oft besonders viel Leistung und Verantwortung. Außerdem muss es durch die Ankunft des Geschwisters damit zurechtkommen, »entthront« zu werden. Das heißt: Die Liebe der Eltern muss plötzlich geteilt werden.
Der Lernerfolg: Hat der Älteste die »Entthronung« aber mithilfe seiner Eltern gut verkraftet, ist er oft besonders fürsorglich und zielgerichtet. Und: Er traut sich eine Menge zu.

Mittlerer sein!
Der Vorteil: Kein Kind steht in der Familie so wenig unter Erwartungsdruck wie das mittlere.
Aber: Oft bekommt es etwas weniger Aufmerksamkeit seitens der Eltern (und Großeltern) als die Geschwister.
Der Lernerfolg: Weniger Aufmerksamkeit heißt nur ganz selten zu wenig! Wenn die sogenannten »Sandwichkinder« genügend Liebe von den Eltern bekommen, entwickeln sie oft hervorragendes diplomatisches Geschick und sind deshalb sehr beliebt unter Freunden.

Jüngster sein!
Der Vorteil: Gegenüber dem jüngsten Kind sind die Eltern meist besonders großzügig. Außerdem erfährt es ganz viel Liebe vom ältesten Geschwister.
Aber: Manchmal wird ihm zu wenig zugetraut und seine Meinung wird zu wenig ernst genommen.
Der Lernerfolg: Jüngste Kinder bewahren sich oft ihr Leben lang ihre Sonnenschein-Qualitäten. Sie können sich besonders gut in Gemeinschaften einfügen und entwickeln viel Kreativität.

Das Allerwichtigste zum Schluss

Es gibt ein paar Dinge, die du unbedingt wissen solltest. Sie sind deshalb so wichtig, weil du mit ihnen aus jeder noch so schwierigen Lage einen Ausweg finden kannst:

Du bist nicht allein

»Warum gerade ich?« – Das fragst du dich wahrscheinlich, falls dich etwas stark bedrückt. Weil du dich ausgeschlossen oder benachteiligt fühlst oder oft kritisiert wirst. Vermutlich stellst du dir sogar noch eine zweite Frage, nämlich: »Habe ich das etwa verdient (weil ich so bin, wie ich bin)?« Solltest du dich nun darüber wundern, warum hier deine geheimsten Gedanken stehen, so heißt die Antwort: Es geht den meisten Kindern wie dir – zumindest denen, die auch gerade ein größeres Problem haben.

Weil aber Kinder nur selten mit anderen Kindern über ihre Schwierigkeiten sprechen und viele Erwachsene das auch in der Regel nicht tun, bekommt man erst spät im Leben mit, dass man damit nicht alleine war.

Sag dir angesichts deiner Schwierigkeiten deshalb immer und immer wieder: Ganz vielen Menschen geht es wie mir! Bei niemandem läuft alles glatt. Es gibt immer wieder Gründe, sich unsicher, böse, schwach oder was auch immer zu fühlen. Also:
Jeder, wirklich jeder, fühlt sich im Leben immer wieder mal richtig schlecht.

Jeder hat mal ganz schlimme Gedanken

Dass sich jeder mal schlecht fühlt, wirst du vielleicht noch glauben. Aber deine allerschlimmsten Gedanken und Gefühle, von denen kannst du dir vielleicht nicht vorstellen, dass andere sie verstehen. Zum Beispiel so rabenschwarze Gedanken wie: »Meine Eltern wären gar nicht traurig, wenn es mich nicht gäbe«, »Ich hasse meine Schwester so sehr, dass ich sie umbringen könnte« oder »Ich habe furchtbare Angst, dass meine Eltern nicht mehr da sein könnten«.
Über Gedanken zu sprechen, bei denen es um ganz starken Hass, Neid oder auch Angst geht, fällt selbst Erwachsenen nicht leicht. Aber du kannst darauf vertrauen, dass die meisten Menschen solche heftigen Gefühle kennen. Kurz:
Es gibt kein einziges Problem und kein einziges schlimmes Gefühl, mit dem du alleine auf der Welt bist.

Ein offenes Ohr finden

»Alles schön und gut«, meinst du vielleicht, »aber wie finde ich denn jemanden, der mich wirklich versteht? Man kann schließlich nicht die ganze Welt absuchen.« Stimmt. Aber meistens genügt schon die Welt deiner Familie.
Wenn du Mut gefasst hast, um mit deiner Mutter oder deinem Vater über dein Problem zu sprechen, wirst du vermutlich erleben, dass deine Eltern dich besser verstehen, als du gedacht hast. Manchmal ist es aber auch jemand anderes aus der Familie, wie Geschwister, Großeltern, Tanten oder Onkel, die deine Schwierigkeiten gut nachvollziehen können.

Und wenn du auch da kein offenes Ohr findest, gibt es immer noch Experten, deren Beruf es ist, Kindern mit Problemen zu helfen. Grundsätzlich sollte dich folgendes Wissen ermutigen: Die meisten Erwachsenen finden es richtig stark, wenn Kinder sich trauen, über ihre Probleme zu sprechen. Merke:
Du wirst immer jemanden finden, der dich versteht und der dir hilft. Du darfst nur die Suche nach einem solchen Menschen nicht aufgeben.

Reden ist Gold (und Schweigen ist unklug)

»Wieso eigentlich reden?«, denkst du vielleicht. »Ich will, dass jemand mir hilft und nicht lange rumquatscht.« Kann man verstehen. Aber wie soll das gehen?
Es wäre natürlich genial, wenn ein einziger Tipp dein Problem lösen könnte. Aber den gibt es leider nicht. Wenn du das Problem aber mit einer Vertrauensperson hin- und herwälzen kannst, ist es schon allein deshalb nicht so schlimm, weil du dich nicht länger allein fühlst. Wenn du erfährst, dass dich der andere versteht und vielleicht sogar ganz ähnliche Probleme hatte, fühlst du dich in der Welt schon viel geborgener. Und wenn sich aus den Gesprächen noch eine Idee zur Lösung deiner Schwierigkeiten entwickelt, die du einfach mal ausprobieren kannst – dann ist es richtig gut.
Aber ganz wichtig: Erwarte keine Wunder! Falls die erste Idee nicht funktioniert, muss eben neu nachgedacht werden. Wichtig ist nur, dass dich ein Mensch deines Vertrauens auf den schwierigen Stücken deines Lebenswegs begleitet und unterstützt. Daher:

Die beste Hilfe bei ALLEN Problemen ist: reden, reden, reden.

Hilfe, Hilfe, Hilfe? Hier gibt es noch mehr davon

Wenn dir das Buch nicht so richtig bei der Lösung deiner Probleme weiterhilft (jedenfalls längst nicht so, dass du wieder richtig froh wirst), solltest du eines auf keinen Fall tun: an dir selber zweifeln. Denn es ist ganz normal, dass man als Kind die Hilfe von Erwachsenen braucht.

Manchmal ist es aber so, dass auch Eltern nicht wirklich gut weiterhelfen können. Egal, wie toll sie sind, es gibt Probleme, die Expertensache sind.

Experten sind Fachleute, deren Beruf es ist, Kindern zu helfen, die Probleme haben. Du findest sie bei (bitte entschuldige die vielen schwierigen Berufsbezeichnungen!) Familienberatungsstellen und schulpsychologischen Diensten. Kinder- und Jugendlichenpsychotherapeuten gehören auch dazu. Ebenso Ärzte für Kinder- und Jugendpsychiatrie/-psychotherapie.

Auch wenn diese Wörter unaussprechlich erscheinen: Du merkst vielleicht, es gibt eine ganze Menge Hilfsangebote.

Um den für dich richtigen Experten zu finden, brauchst du aber unbedingt die Unterstützung deiner Eltern oder anderer vertrauter Erwachsenen.
Und noch etwas musst du auf jeden Fall wissen: Für Momente, in denen alle Stricke reißen und du in großer Not bist, gibt es »die Nummer gegen Kummer«: 0800-111033. Das ist eine Nummer des Kinderschutzbundes, unter der du dir immer erste Hilfe holen kannst. Am anderen Ende der Leitung findest du Menschen, denen nichts mehr am Herzen liegt, als Kindern aus schwierigen Situationen herauszuhelfen.

Falls du dich schon gut mit dem Internet auskennst, haben wir noch einen Tipp: Auf der Seite www.bke-beratung.de gibt es gute, kostenlose Beratung. Egal, ob du im Chat das Einzelgespräch mit einem Experten suchst oder lieber in der Gruppe diskutieren möchtest: Ausprobieren lohnt sich!